VEN

Y

LLENA

ESTE

LUGAR

Un Viaje En La Oracón

STACY DIETZ

KP PUBLISHING COMPANY

ISBN: 978-1-950936-04-5 (Hardcover)
ISBN: 978-1-950936-02-1 (Paperback)
ISBN: 978-1-950936-00-7 (E-book)

Library of Congress Control Number: 2019907379

Edited By: Steve Robinson, Julie Lewis
Cover Design: Juan Roberts, Creative Lunacy, Inc.
Interior Design: Jennifer Houle
Literary Director: Sandra L. Slayton

Unless otherwise indicated, Scripture quotations are from the Holy Bible, New International Version®. NIV®. Copyright © 1973, 1978, 1984, 2011 by Biblica, Inc.TM Used by permission of NavPress. All rights reserved. Represented by Tyndale House Publishers, Inc.

Scripture quotations identified The Message are from The Message.
Copyright © by Eugene H. Peterson 1993, 1994, 1995, 1996, 2000, 2001, 2002. Used by per-mission of NavPress. All rights reserved. Used by permission. (www.Lockman.org)

Published by KP Publishing
A Division of Knowledge Power Communications, Inc.
Valencia, CA 91355
www.kp-pub.com
www.knowledgepowerinc.com

Printed in the United States of America

"VEN Y LLENA ESTE LUGAR"

Conversaciones con Dios el ser divino en nuestras vidas. Él nos creó para tener relaciones personales; no para vivir solos. Él no está lejos. (Hechos 17:24-28).

Este libro trata sobre la necesidad de oraciones persistentes que inviten a Dios a participar en cada una de nuestras vidas. Nuestra relación con Dios es mucho más dinámica que un método de "cómo orar." Al compartir partes de su propia historia, la esperanza de Stacy es que cada lector valore la relación única e íntima que Dios quiere tener con ellos.

VEN Y LLENA ESTE LUGAR:

Un viaje en la oración que comparte lecciones aprendidas sobre la oración para animar a otros a buscar a Dios primordialmente, y en todo lugar. Dios, que nos acepta tal como somos, es el "extra" que transforma la vida ordinaria en vida extraordinaria.

DEDICACION

Dios me enseñó a amar y me inspiró a vivir. El me pesco desapercibida. Este libro trata de la necesidad de tener una relación con Él a través del rezo. El cual es dedicado primero a Dios. Segundo, este libro está dedicado a todas esas personas que están buscando algo grande y mejor. A todas esas personas que se sienten ordinarias y quieren ese "extra" ordinarias, a que busquen a Dios. El te creó a su imagen (Génesis 1:27). A cada persona que se siente perdida, quebrantada, olvidada, o menospreciada y quiere ser amada, El mando a Su hijo para ti (Isaías 61:1-3) porque tu ya eres amado (Juan 15:9). A cada persona que quiere vivir una vida con un propósito significante guiada por lo supernatural, buscalo a Él, El mando a un ayudante (Juan 14:26). Por lo cual yo dedico este libro a todos los que necesitan Fe, esperanza y amor.

No estas solo.

Tu Ya Me conoces—Salmo 139:1-10

Oh Jehová, tú me has examinado y conocido.
Tú has conocido mi sentarme y mi levantarme;
Has entendido desde lejos mis pensamientos.
Has escudriñado mi andar y mi reposo,
Y todos mis caminos te son conocidos.
Pues aún no está la palabra en mi lengua,
Y he aquí, oh Jehová, tú la sabes toda.
Detrás y delante me rodeaste,
Y sobre mí pusiste tu mano.
Tal conocimiento es demasiado maravilloso para mí;
Alto es, no lo puedo comprender.
¿A dónde me iré de tu Espíritu?
¿Y a dónde huiré de tu presencia?
Si subiere a los cielos, allí estás tú;
Y si en el Seol hiciere mi estrado, he aquí, allí tú estás.
Si tomare las alas del alba
Y habitare en el extremo del mar,
Aun allí me guiará tu mano,
Y me asirá tu diestra.

INTRODUCCION

Este libro no tiene la intención de enseñar el "cómo rezar." Jesus nos ha dado el modelo de cómo rezar. Hay una sección en este libro que ofrece pensamientos de ese modelo que Jesus nos ha dado, pero esa no es la razón primordial del porque este libro está escrito. Fue escrito con la esperanza de que empieces tu propia jornada/viaje de oración por lo cual comparto mi propio viaje.

Jesus nos enseña muchas cosas que son importantes para nuestras vidas ahora y para la eternidad. Muchas de esas lecciones son significativas e impactantes para nuestros rezos. Nuestros rezos no se pueden simplificar como una fórmula y mucho menos yo puedo ser un modelo mejor que Jesus.

Nuestra relación con Dios es dinámica, espiritual y siempre esta evolucionando. Las palabras escritas son fundamentalmente acerca de la necesidad del rezo. Está destinado a llegar a través de mi historia, la sabiduría de otros, adjunto con la palabra de Dios con la esperanza de que invites a Dios a tu propio viaje/ jornada.

Al usar mi propia vida como un ejemplo, además de lo que he aprendido de las escrituras y otras influencias, mi deseo es poder inspirar y vigorizar a todos aquellos que buscan su jornada por medio del rezo. Cada jornada es personal, única y a la vez íntima

"El Espíritu mismo da testimonio a nuestro espíritu, de que somos hijos de Dios." (Romanos 8:16). Podemos platicar con el espíritu sobrenatural de Dios porque fuimos creados para obedecerlo en el Jardin del Eden. Aunque ahora vivimos en un mundo quebrantado, nuestra conexión con Dios no está perdida. El espíritu de nuestro Señor vive en nosotros y está activo en nuestras vidas.Así como cualquier relación que deseamos nutrir, debemos comunicarnos diariamente con esas personas con las que deseamos estar en contacto. Este libro trata de inspirar a otros a que escojan la conexión con Dios en lugar de escoger conexiones espirituales falsas en el mundo. Este libro al igual es para fomentar por cada uno individualmente, el saber la diferencia entre la verdad de Dios y el engaño de Satanás.

CONTENIDO

Dedicacion   vii

Introduccion   ix

Capítulo 1: Persistencia y Perseverancia   1

Capítulo 2: Orgullo   17

Capítulo 3: La Economía de Dios   31

Capítulo 4: Nuestro Corazón y Motivos   39

Capítulo 5: Porque Oramos? Evento Crucial   53

Capítulo 6: Dios Es Sobrenatural—¡Nosotros No!   65

Capítulo 7: Guerra Espiritual   73

Capítulo 8: Espiritu Santo   93

Capítulo 9: Tenemos Un Modelo—El Padre Nuestro   107

Capítulo 10: Pregunta, Busca y Llama   133

Expresiones De Gratitud   159

Agradecimiento especial   163

Notas   165

Apendice   173

Sobre el Autor   215

CAPITULO I

PERSISTENCIA Y PERSEVERANCIA

"El triunfo no pasa accidentalmente.
Es el trabajar duro, es perseverancia, aprendizaje,
estudio, sacrificio y más que nada amar
lo que uno hace o está aprendiendo a hacer.
—PELE

"Una vez que aprendes a renunciar,
se convierte en un hábito"
—VINCE LOMBARDI JR.

Cuando pinto o dibujo, regularmente examinó detalladamente lo que voy a copiar. También tomó suficiente tiempo y trato de observar los cambios de colores, figuras, todos esos detalles que me ayudaran a recrear el objeto de la mejor forma posible.

Es muy similar a la Fe o mejor dicho, incorporó Fe en la acción. Si estoy tratando de ser la mejor versión de lo que Dios me creó que sea,

I

entonces verlo a Él me ayudaría a saber lo que Él crearía y lo que debo hacer. Es una especie de círculo, pero ayuda a simplificar cómo vivir mi vida.

Si quiero que mi vida sea una reflexión de mi Creador, entonces tiene sentido el ver realmente quien es El—todos los pequeños matices y todas las características. Me doy cuenta de Su presencia en todas partes cuando leo todo acerca de Él. La clave es reconocerlo.

Al igual que un artista, Dios tiene su propio estilo. Es el creador de la vida (Génesis 1:1, Job 33:4, Proverbios 22:2, Jeremias 23:24, Isaías 40:28). Hay cosas que Él haría o no haría. Por ejemplo, Dios nunca rompe una promesa (Salmo 89:35). Dios nunca te abandonará (Deuteronomio 31:6). Dios nunca deja de amarte (Jeremías 31:3). Quien es Dios y lo que es importante para Él debe de ser importante para uno así como vamos progresando en nuestra jornada con El.[1]

Aparte de nuestras propias limitaciones, hay fuerzas que intentan disuadirnos de llegar a conocer quién es Dios y prevenir que reconozcamos su voz lo cual también nos aleja del poder invitarlo a nuestras vidas. Vale la pena permitir que El sea parte de nuestra jornada en nuestras vidas.

Recientemente fui a Hawaii y pase tiempo con familiares. Durante este tiempo, tuve experiencias que revivieron mi interés de escribir mis pensamientos. Yo valoro la gente que es parte de mi vida actualmente (al principio buscaba ese "algo" que me ayudara en mis momentos difíciles) por experiencias previas de mi adolescencia. El fondo de mis experiencias y lo que me motivo es simple: varias personas en mi vida me decepcionaron y me hirieron al igual que yo decepcioné y herí a otros. Me sentía rota y por lo mismo tomé muy malas decisiones.

El problema es que cuando regresé a Hawaii y me sumergí en mis tradiciones y raíces culturales, sentía que estaba retrocediendo. Pensaba y veía lo mismo que me había causado el sentirme tan quebrantada. Recordé y empecé a sentir lo mismo que yo era en ese entonces cuando no tomaba buenas decisiones.

Eso es mi pasado y quería dejarlo ir ahí mismo, lo más lejos posible. Por veinticinco años mis suegros se convirtieron en mi familia, viviendo de acuerdo a su Fe. Se que son imperfectos, con un balance de honestidad y consideración, siempre se preocupan por el bienestar de otros y siempre al tanto de no cruzar esa barrera que podría causar resentimientos. Ellos trabajan muy duro, aman profundamente y ven lo mejor de la gente. Tienen un escepticismo saludable que hace que busquen las respuestas a sus propias preguntas.

He vivido un balance maravilloso rodeada de personas con personalidades diferentes y fuertes, cada una con opiniones muy individuales que saben expresar con una honestidad muy saludable llena de amor y siempre cuidando unos de los otros y haciendo lo correcto. Coincidir de opinión o no, pero al final del día el ser tú mismo es lo correcto. Nos hacemos responsables de nuestros actos mutuamente sin juzgar y yo estoy muy agradecida por eso.

Por más de veinticinco años gracias a su ejemplo y sin tener que hacerlo con palabras, mis suegros me han enseñado e inspirado a ser una mejor madre y a ser una persona con más compasión hacia los demás.

Soy muy diferente, pero me he acoplado muy bien a la familia de mi esposo la cual es bastante grande en números. Ellos me hacen sentir aceptada y segura sin importar las diferencias. Me ayudan a ser responsable de mis actos y de mi Fe. Son muy auténticos y honestos, cuando dicen "si" esa firmemente "si" y "no es "no. No ofrecen lo que no tienen, no obtienen lo que no se merecen, y no dicen lo que no sienten. Respetan lo que eres y ellos son lo que son. Son apasionados, con discusiones obstinadas pero al final del día, se responsabilizan por sus pensamientos y sus acciones al igual que yo por las mías. En lo cual he encontrado un inmenso alivio.

En este viaje a Hawaii particularmente me sentí expuesta una vez más a esos recuerdos que sentí durante mi niñez y en mi adolescencia. Siempre motivada por el miedo y siempre sintiéndome menospreciada. Este viaje fue diferente porque mi esposo e hijas no fueron conmigo lo cual me causó recordar y sentir todas esas inseguridades y el sentimiento de menosprecio de cuando era una jovencita. En ese tiempo pasaba por una etapa donde me sentía muy inadecuada y el miedo a fallar no me permitía luchar por mis sueños.

Durante este viaje en una noche ya muy tarde, sentí una gran desesperación y necesidad de tener una conversación con alguien que me ayudara recordar quién es Dios y que lo amara. Un poco antes de este viaje había dado una conferencia con un grupo de mujeres acerca de cómo Dios quiere que vivamos en convivencia y en comunidad. Lo cual Él lo es por medio del, Dios (el Padre), Jesús (el Hijo) y el Espíritu Santo.

Por la diferencia de horarios, ya era muy tarde para hablarle a mi esposo ese día. Pensando en el concepto que había compartido con el grupo de mujeres de vivir en comunidad, tomé la decisión que cambió drásticamente la trayectoria de mi viaje. Le hable a mi tío que vive en la isla y al que no le había hablado antes. Mi tío me ayudó a recordar quién es Dios lo cual fue refrescante y muy profundo al escuchar palabras que él había memorizado gracias a su Fe. Mi tío también me hizo recordar que yo estoy viviendo mi vida para y por Dios. Este libro es de Dios y Su opinión es la única de la que me debe de importar. Mi tío me dio una instrucción de buscar una piedra y en ella escribir la "opala" de mi corazón (palabra Hawaiana que significa "basura"), y que la arrojara al mar. Desechar la ansiedad y las preocupaciones hacia Dios es bíblico (1 Pedro 5:7, Salmo 55:22, Isaías 2:20). El me dijo que al ir a buscar esta piedra y escribir en ella, yo lo "vería."

Ore el poder encontrar esa palabra, específica y concisa que pudiera representar lo que me estaba cohibiendo. La siguiente vez que fui al mar, mientras mi prima se estaba estacionando y ya que habíamos bajado la bolsa con nuestras cosas para el mar, mis ojos vieron una piedra negra con una superficie muy suave, la cual la agarre. Todavía no tenía la palabra que debía escribir pero el simple color tan oscuro de la piedra representaba la oscuridad de lo que sentía o la "opala" que era de lo que tenía que deshacerme y arrojar al mar.

Fue perfecto.

Minutos después al estar sentada en mi silla de mar, empecé a rezar calladamente pidiendo a Dios que me enseñara todo lo que mi corazón tenía que sacar y tirar. Mientras oraba vi casualmente a un lado de mi silla una piedra en la arena muy imperfecta y porosa. La cual me recordó la opinión de mi misma: indigna de, un poco porosa, definitivamente imperfecta. Pero era blanca. Lo blanco de esta piedra me gusto y me recordó a Dios. Quiero que mi vida sea llena de Él y que la gente vea la blancura que le pertenece a Él aunque todas las imperfecciones sean mías. Esta piedra no era perfecta, y yo estoy muy lejos de lo perfecto, pero para mi, esa pequeña piedra imperfecta representaba todo lo que Dios hace que es increíble y que hace para todas esas personas imperfectas que se sienten indignas. Moisés es un ejemplo perfecto de esto. El dirigió a la nación a salir de Egipto a pesar de sentirse indigno y era tardo en el habla (Éxodo 3:11, 4:10-12). No solamente Dios preparó las circunstancias en las que un Faraón poderoso dejaría salir a una nación de esclavos, sino que ellos no se irían con las manos vacías (Éxodo 3:19-22, 6:1). Los Egipcios fueron saqueados porque Dios hizo que los Egipcios tuvieran una disposición favorable para su pueblo. Las mujeres solo pidieron artículos de plata y oro y ropa para sus hijos y esas riquezas las llevaron puestas al ser liberadas.

Agarré esa piedra sabiendo que representaba mi libertad. Quería regresar a casa libre.

¿Qué es lo que me impedia de sentirme libre? Cuando observé a la piedra oscura sabía que la raíz de todas mis ansiedades provenían del miedo. Miedo al fracaso, miedo a no ser suficiente, miedo a no ser a la que escogen, miedo a ser la que se queda atrás, miedo a ser abandonada y ese tipo de pensamientos eran constantes en mi mente. Le rezaba a Dios *"que me buscara y conociera mis ansiedades"* (Salmo 139:23). El me enseñaría esa palabra que se asociaría a esa piedra oscura la cual yo arrojaría al mar. Él hizo eso y mucho más, así como ayudó a los Egipcios, es igual a lo que Él hace por nosotros cuando le permitimos entrar a nuestras vidas lo cual se multiplica ampliamente.

Otra cosa que mi tio me pidio que hiciera fue que observara cuidadosamente lo que veía a mi alrededor y me empapara de lo que me rodeaba al momento de tirar la piedra en el mar. Al flotar en una tabla de boogie, ya lista para arrojar la "opala" en mi piedra al mar, voltee a ver hacia atrás, siguiendo las instrucciones de mi tío. Mi prima estaba ahí y yo la vi como cuando era una niña, corriendo en la arena con su tabla de boogie, riendo y libre. La última vez que la vi de esa manera tan libre y feliz fue cuando eramos chicas juntas en la Isla y jugando en el mar. Somos como hermanas y en ese momento me sentí muy agradecida con Dios por permitirme verla tan libre. Sentada en su silla, más atrás, estaba su hermana, mi otra prima, bajo una sombrilla cuidándonos como siempre lo solía hacer. Ella era nuestra ancla recordándonos que así es Dios en mi vida.

Después de esto volví a voltear y estaba rodeada del mar. Nunca fui el tipo de persona que le gusta explorar, de vez en cuando si aventuro expresándome espiritualmente, especialmente por los que me preocupo y amo aunque tenga que explorar más allá de ese espacio del que me hace sentir agusto y a salvo. Hago lo que tenga que hacer por esas personas. Dios es mucho más grande que yo y no lo conozco totalmente ni comprendo como hace tanto. Así es como me sentía en ese momento, rodeada de un gran abismo en el mar: grande, incierto, y emocionante. Contenta hice lo que mi tío me pidió que hiciera y arrojé la piedra al mar.

En ese momento con libertad en mente, decidí volver a intentar algo que había tratado con audacia unos días antes, pero me mortificaba la apariencia y el que dirá del cómo se vería en los ojos de los que me rodeaban cuando ya lo había intentado varias veces en vano. Era algo simple; sentarme en la tabla de boogie con piernas volando y brazos agitando el agua y me imaginaba lo poco atractivo que se vería al caer de mi boogie, lo cual hacía rendirme fácilmente. Pero ya que había tirado mi piedra con la "opala" al mar, la opinión de los demás ya no era una prioridad en ese momento. Igual eran mis sentimientos de la opinión de otros antes de venir a Hawaii, y en realidad ¿alguien sabe lo que otros piensan? Todas esas personas que me rodeaban, probablemente nunca se darían cuenta de mi existencia, por su propia actividad en el mar. Entonces decidí tratar una vez más sin perjuicio de lo que otros pensarían de mí.

El tratar de sentarse en un boogie es muy parecido a seguir a Dios. Se necesita persistencia, relajación, y el estar dispuesto a estar en armonía con lo que nos rodea. Lo cual sentía con el movimiento del océano rodeandome . Fui mejorando y logré disfrutar el poder flotar en el océano tan hermoso que me rodeaba y poder aprender un poco más de mi jornada con Dios. Él se mueve como él quiere, está en mi en confiar (relajarme) moverme y enfocarme en Él como lo había hecho con el océano para poder perseverar.

Cuando mi viaje ya había terminado y regresé a casa, compartí todos mis pensamientos y mi experiencia en Hawaii con la mayor de mis hijas. Ahí fue cuando la idea de escribir este libro surgió. Por muchos años siempre había querido escribir pero nunca le daba la atención ni el tiempo. El miedo a lo desconocido me impedía lograr algo que siempre había sido mi sueño.

Mi hija es una muchacha muy inteligente. Se graduó con honores de la universidad UCLA con una carrera en Inglés y después ingresó a una carrera en medicina. Ella me hizo una pregunta muy simple, "Que significa el fracaso para ti?"

"El no poder publicarlo." Respondí.

"Interesante," ella dijo, "porque para mi es el que no lo escribas."

Inmediatamente mentalmente me traslade al océano en Hawaii recordando que la libertad es: no estar atrapada por el miedo. Mi perspectiva estaba distorsionada! La cual había vivido entrelazada en el miedo de ser rechazada, no poder ser suficiente y siempre preocupada por el que dirán. Esto se había convertido en un hábito que sabía que tendría que romper.

Platicando con mi hija empecé a recordar cómo me sentí en el océano cuando tiré la piedra con la "opala." Mi perspectiva ya había cambiado en el momento en el que me sentí libre al flotar en el ocean sentada en mi boogie. Corregir lo que habitualmente pienso es un proceso que tendrá que continuar, lo cual me hace sentir muy agradecida con Dios por darme otro día para poder persistir, tratar, aprender a ser libre. Así como esa piedra blanca porosa que encontré en la arena con muchos huecos y quebraduras, mi jornada tendrá muchas imperfecciones pero mi rezo constante será que mi "libertad" estampe cada cosa que esté destinada a hacer.

> *"Porque mis pensamientos no son vuestros pensamientos,*
> *ni vuestros caminos mis caminos, dice Jehová. Como son*
> *más altos los cielos que la tierra, así son mis caminos más*
> *altos que vuestros caminos, y mis pensamientos más que*
> *vuestros pensamientos. (Isaías 55:8-9)*

¿Si los caminos de Dios son difíciles de comprender, entonces cómo podremos conocer y cumplir su voluntad? Ser persistentes es una de las claves. Debemos continuar tomando los pasos que podamos. Dios nos dejó un gran mapa llamado La Biblia. Hay muchas formas de como buscar el tesoro que Él quiere que descubramos. Cada uno independientemente lleve su jornada de manera más personal con Dios. Todos vivimos una vida independiente en nuestra comunidad. Y todos estamos en diferentes niveles en nuestras jornada, viviendo y caminando en nuestros propios zapatos. Todos le hacemos preguntas a Dios. Y tenemos una relación muy personal con El. Cada persona vive experiencias muy únicas; nuestras personalidades, metas, pasiones, y habilidades son únicas. Somos muy diferentes más todos estamos convocados a un propósito común. 1 Corintios 12:12 habla de este propósito:

> *"Porque así como el cuerpo es uno, y tiene muchos miembros, pero todos los miembros del cuerpo siendo muchos, son un solo cuerpo, así también Cristo." Continúa en versos 15-20 "Aun cuando el pie diga," "Yo no soy mano, así que no soy del cuerpo, no dejará de ser parte del cuerpo. ***
>
> *Y aun cuando la oreja diga, Yo no soy ojo así que no soy del cuerpo, tampoco dejará de ser parte del cuerpo. Si todo el cuerpo fuera un ojo, dónde estaría el oído? Si todo fuese oído, dónde estaría el olfato? Mas ahora Dios ha colocado los miembros de cada uno de ellos en el cuerpo, como él quiso. Porque si todos fueran un solo miembro, dónde estaría el cuerpo? Pero ahora son muchos los miembros, pero el cuerpo es uno solo.*

Todos somos diferentes pero con un meta común. Debemos usar nuestra forma única de ser, nuestros talentos, y dones para lograr ese "algo." Lo que para Dios es importante. Antes de salir a lograr ese "algo" con nuestro talento y dones únicos y antes de unirte a otras personas para lograr ese "algo," busca la forma de priorizar lo que es y debe ser más importante antes de empezar cada paso.

Jesus nos habla de esto en (Marcos 12) después de haber terminado un debate con los Saduceos (miembros de un grupo antiguo Judio de sacerdotes y aristócratas) sobre la vida después de la muerte. Un escriba (maestro de la ley) los escuchó debatiendo y le preguntó a Jesus, ¿cuál de los mandamientos es el más importante? En otras palabras,¿qué es lo más importante que debemos hacer? De todas las cosas que la Biblia nos enseña, ¿qué es lo que Dios quiere de nosotros primordialmente? Esta es la respuesta que Jesus da (Marcos 12:29-31):

> *"Jesús le respondió: El primer mandamiento de todos es: Oye, Israel; el Señor nuestro Dios, el Señor uno es. Y amarás al Señor tu Dios con todo tu corazón, y con toda tu alma, y con toda tu mente y con todas tus fuerzas. Este es el principal mandamiento. Y el segundo es semejante: Amarás a tu prójimo como a ti mismo. No hay otro mandamiento mayor que estos."*

¿Entonces cómo caminar nuestra jornada hacia Dios? Amar es lo primero. Específicamente amar a Dios y al prójimo. ¡¿No es sorprendente que todos estemos buscando el amor?! Como dice la canción, buscamos amor en lugares erróneos, pero una cosa cierta es que fuimos hechos para amar.

El rezo es fundamental amor. Es fundamental amar al prójimo como a uno mismo. Verdaderamente, sería muy bueno si pudiéramos amar al prójimo/vecino de la misma manera que amamos a nuestra familia, pero eso es algo en lo que batallo. ¡Es algo en lo que necesito rezar mucho más! Hace muchos años, nos mudamos a una casa en donde se podía disfrutar una vista hermosa de las montañas. Era una colonia nueva por lo que muchos de los habitantes estaban construyendo tipos de agregaciones para mejorar sus casas dependiendo de sus necesidades. Nuestro vecino decidió construir una cochera de dos pisos exactamente en el lugar que bloqueó esa vista hermosa que teníamos de nuestro patio, por lo que no me hizo sentir "amor" al prójimo. Me enoje tanto solo enfocándome en esa vista tan hermosa que habíamos perdido. Mi esposo me dijo algo muy simple que cambió mi perspectiva. Me dijo que así como Dios nos había dado la casa de nuestros sueños, tal vez también les había dado ese mismo sueño a nuestros vecinos la que incluiría una cochera monstruosa. Entonces, en lugar de enfocarme en ese panorama bloqueado, lo que posiblemente hubiera podido ser la causa problemática entre vecinos el me abrió los ojos y me dijo que a solo unos escalones hacia arriba al lote adjunto que también era nuestro, ahi podria observar y disfrutar ese mismo panorama con una vista igual de hermosa que todavia teniamos. Ahí me di cuenta que Amar a nuestro vecino era incluir que él también tuviera lo que de corazón él deseaba, lo cual requeriría un sacrificio de mi parte. Y en realidad si hubiéramos comprado nuestra casa después de que el vecino hubiera agregado su cochera de dos pisos, nunca me hubiera ni dado cuenta, ni enojado!

En Colosenses 3:12-14 nos llama a tratar al prójimo de manera específica:

> "Vestíos, pues, como escogidos de Dios, santos y amados, de entrañable misericordia, de benignidad, de humildad, de mansedumbre, de paciencia; soportándoos unos a otros, y perdonándoos unos a otros si alguno tuviere queja contra otro. De la manera que Cristo os perdonó, así también hacedlo vosotros. Y sobre todas estas cosas vestíos de amor, que es el vínculo perfecto."

Me encanta como este párrafo es adornado con estas cualidades hermosas. Elegir el "tratar" de tener compasión, amabilidad, humildad, dulzura y paciencia, es lo que me toca el corazón profundamente. Algo que quisiera poder hacer siempre pero tristemente se me hace imposible. Le pido al Espíritu Santo que entre en mi y me de todos esos dones diariamente (honestamente en ocasiones a cada minuto!) Para todos los que dudamos, en cuál es nuestro propósito en esta vida, aquí está el propósito que nos dará una recompensa eterna de una manera divina.

Es un verso que se repite en la Biblia. Lucas 10:25-27 que dice así:

> *Y he aquí un intérprete de la ley se levantó y dijo, para probarle: Maestro, ¿haciendo qué cosa heredaré la vida eterna? El le dijo: ¿Qué está escrito en la ley? ¿Cómo lees? Aquél, respondiendo, dijo: Amarás al Señor tu Dios con todo tu corazón, y con toda tu alma, y con todas tus fuerzas, y con toda tu mente; y a tu prójimo como a ti mismo.*

Tan simple, ama a Dios con todo tu corazón, con toda tu alma, con todas tus fuerzas y ama al prójimo como a ti mismo. Aunque simple, ¿cómo se puede amar de la manera que se nos pide amar? Nuestro instinto natural no es el sobreponer las necesidades de nuestros vecinos antes de las nuestras, y ¿como amamos a Dios tan puramente y apasionadamente con todas nuestras fuerzas? Yo creo que la clave está en rezar y buscar a Dios con persistencia. Recientemente buscaba encontrar inspiración en como bajar de peso, algo que he tratado de lograr durante casi toda mi vida lo cual he batallado mucho. Entre a la red/internet buscando mensajes de inspiración que pudiera pegar en mi espejo y cada vez que me viera me recordara diariamente que yo puedo combatir este enemigo del que he batallado tanto. Esto fue lo que encontré de autores anónimos:

"Unos soñamos con triunfar . . . mientras otros se despiertan en trabajar duro para alcanzarlo."

"El triunfo se logra y se mantiene por los que tratan—y siguen tratando."

"Todos los días son días buenos para TRIUNFAR!"

"Si no triunfas al principio—trata, trata otra vez."

"Persevera y te ganaras el premio."

Aunque mis problemas de peso están atados a otros asuntos, lo vi claro de que la clave para triunfar en cualquier cosa es perseverancia. No está solamente relacionada a asuntos espirituales; es "la verdad." La verdad es universal, y es muy importante en cada aspecto de nuestras vidas.

En Lucas 18:2-5 dice:

"Jesús les dijo a sus discípulos una parábola en donde les estaba enseñando que tenían que rezar y nunca darse por vencidos: Había en una ciudad un juez, que ni temía a Dios, ni respetaba al hombre. Había también en aquella ciudad una viuda, la cual venía a él, diciendo: Hazme justicia de mi adversario. Y él no quiso por algún tiempo; pero después de esto dijo dentro de sí: Aunque ni temo a Dios, ni tengo respeto a hombre, sin embargo, porque esta viuda me molesta, le haré justicia, ¡no sea que viniendo de continuo, me agote la paciencia! Verso 6 continua: Y

dijo el Señor: Oíd lo que dijo el juez injusto. Y acaso Dios no hará justicia a sus escogidos, que claman a él día y noche? ¿Se tardará en responderles?

Lo que nos está tratando de decir aquí es que el juez injusto, por la persistencia de la viuda, le dará lo que ella quiere, y me pregunto, ¿qué tanto nos dará nuestro Dios que nos ama y cuida? Nuestro Dios no solo puede sino también quiere darnos. Dios nos dará las respuestas, disposición y sabiduría si nosotros lo buscamos persistentemente por medio de nuestras oraciones. Lo que buscamos, encontraremos, nunca caeremos si no nos damos por vencidos. Nuestra jornada no se trata de perfeccionar si no de ser persistentes.

En Efesios 6:18, después de describir nuestra armadura espiritual, se nos pide que siempre continuemos orando por toda la gente de nuestro Señor. No solo que oremos por nosotros mismos, sino, se nos pide el ser persistente en nuestras oraciones por otros, por igual. Es gratificante el saber que estamos unidos en nuestros rezos. Podremos protegernos los unos a los otros por medio de nuestras peticiones. Uno de los versos más cortos de la Biblia que tiene que ver con el rezo se encuentra en 1 Tesolonios 5:17. Lo dice muy simple: "reza constantemente." No está escrito, "reza perfectamente," está escrito, "reza constantemente." Una de las claves para alcanzar una vida enriquecida en oración es simplemente orar con perseverancia.

CAPITULO 2

OGULLO

"Un hombre orgulloso siempre mira con desprecio a las cosas y a las personas; y, por supuesto, mientras mires hacia abajo, no podrás ver nada que esté sobre ti."
—C.s. Lewis, Mere Christianity

"Fue el orgullo lo que transformó a los ángeles en demonios; es la humildad la que hace a los hombres como ángeles."
—St. Augustine

Cuando rezamos, y queremos que Dios nos responda, a no le importa que tipo de actitud tenemos. (Jaime 4:2-3). Lo más importante, es que cultivemos una relación con Dios cuando oremos.

El diccionario Webster define el orgullo simplemente como una autoestima excesiva. Las palabras relacionadas son arrogancia, superioridad y presunción. Cuando uno piensa de esta manera se enfoca solamente en lo interno y daña el poder ver quién es Dios y lo que Él te quiere obsequiar.

Lo opuesto al orgullo es algo que Dios valora tremendamente y recompensa al igual; es la humildad (Proverbios 22:4). La humildad se describe como una forma de ser modesto y sin pretensiones, lo cual incluye el tipo de actitud que te ayuda a no ser mejor que los demás.[2]

Esto significa el ser arrogante, sentirte con derecho, egoísta, o sentir que mereces algo mejor que los demás, lo cual es lo contrario a lo que Jesus nos dejo como ejemplo y que Dios no tolera.

La sociedad hoy en día no valora la humildad, el ser sumiso, la deferencia o la modestia. Ante todo nos preocupamos primordialmente por nuestros derechos humanos. No mal entiendan, en este libro no estoy propagando puntos de vista políticos o la falta a los derechos humanos. Si todos tuviéramos una actitud modesta y humilde nadie tendría que pelear por los derechos humanos. Todos seríamos valorados y apreciados de la manera que Dios siempre ha querido. El sentirnos merecedores/superiores, roba a otros las verdaderas necesidades. Lo cual es un tema que se podría difundir en otro tipo de plataforma. El tipo de humildad de la que me refiero, es en relación a Dios.

Un buen punto en donde empezar tu jornada de Fe y llenar tu vida por medio de la oración es aprendiendo quién es Dios. La mejor manera es leyendo quién es Él (en la Biblia), al igual que estar en comunidad (con tus semejantes), y también por medio de tus experiencias en tu vida. En ocasiones es como tener un noviazgo, en otras es como una investigación, pero si no tienes ningún conocimiento de las cualidades/características de Dios puede ser difícil tener Fe en él. Aunque Dios no se puede describir completamente, aquí comparto varios cualidades/características que describen Dios: [3,4,5]

SOBERANO: Independiente; autónomo y no gobernado por otra entidad. Con poder total y autoridad. Excepcional (Éxodo 18:11, Salmo 115:3, Efesios 1:11).

TRASCENDENTE: Superior en igualdad o logro. Más allá de los límites de su creación. Independiente del mundo. (Isaias 55:8-9, Juan 8:23, Salmo 113:5-6, Genesis 1:3-5).

ETERNO: El no es limitado; El no tiene principio ni fin. (Salmo 102:12, Salmo 90:2).

AMOR: Un sentimiento intenso de afección profunda. (En creencia Cristiana) la misericordia, gracia, y caridad demostrada por Dios a la humanidad (1 Juan 4:8, 16).

SANTO: Inspiración. Consagrado. Sagrado: un ser divino o poder (Exodo 3:5-6, 1 Samuel 2:2, Salmo 99:2-3, Isaias, 6:3, Revelaciones 4:8).

OMNISCIENTE: Todo lo sabe (Salmo 147:5, Hechos 15:18, Romanos 99:2-3, 1 Juan 3:20, Hebreos 4:13, Romanos 2:16).

OMNIPOTENTE: Todopoderoso, posesión completa, sin límite o poder y autoridad universal

(Salmo 147:5, Actos 15:18, Romanos 11:13, 1 Juan 3:20, Hebreos 4:13, Romanos 2:16).

FIEL: Consistente y leal, especialmente a un ser, una promesa, o deber. Consciente. Preciso y verdadero. Confiable: se puede confiar y contar con el. (Éxodo 34:6, Deuteronomio 7:9, Apocalisis 3:14).

INMUTABLE: Cualidad de aquello que no cambia. (Malaquías 3:6, Jaime 1:17, Hebreos, 13:8).

Tuve muchas conversaciones con otras personas durante mi jornada para encontrar a Dios, y muchas fueron muy útiles. También leí libros, algunos me revelaron muy buena información. Al pasar los años me he dado cuenta que cada persona tiene su propia opinión de quien es Dios. Un principio importante que me ha ayudado mucho es que sin importar lo que la gente me dice o lo que yo haya leído es importante saber a quien creerle y a quien escuchas. "Conoce la fuente de información," fue un mantra que aprendí en una clase de pensamiento lógico.

La Biblia es la palabra de Dios, escrita por el hombre pero inspirada por Dios.[6] Para mi, la Biblia es lo más importante, tomo todas mis decisiones y actuo de acuerdo a lo que está escrito. También aprendo mucho de lo que otros me comparten acerca de Dios. Pero siempre tomo mis medidas dependiendo de lo que la Biblia me dice quien es Dios. Claro que siempre y cuando sepamos que es humano e individual el interpretar la Biblia. Y es de humanos no estar en lo correcto al interpretarla. La palabra de Dios es la verdad pero mi comprensión puede ser errónea. Teniendo esto en cuenta, el rezo y el tiempo que paso con Dios por medio del Espíritu Santo me ayuda a refinar mi entendimiento y como la interpreto. Al orar, es útil tener las puertas de nuestro corazón abiertas para que se nos revele y que se nos facilite un mejor entendimiento e interpretación de quien es Dios y sus características y propósito. Él sabe que no somos perfectos, y eso es verdaderamente quien soy yo. Pero Dios no nos pide que seamos perfectos. Solamente Él es perfecto.[7] Él nos pide que seamos humildes, en el amor y al buscarlo.

Al empezar mi época en los ventes, trabajé en un restaurante durante las noches después de terminar mi trabajo durante el día. Trabaje muchas noches y me la pasaba platicando al terminar mi turno cuando cerraba. Ahí conocí a un muchacho que se llama Steve, que sabía cómo escuchar y me hablaba sin juzgar. Compartimos de todo un poco de nuestras vidas. Por medio de esta amistad y la amistad de su hermano Greg, que también trabajaba en el mismo restaurante, se me abrió la puerta a la vida de su familia.

Greg y Steve eran parte de seis hermanos. Tenían una familia muy grande. Ya conocía a unos y poco a poco fui conociendo a los demás. Como un halcón yo observaba cómo se llevaban. Yo me preguntaba, ¿ acaso no la gente tiene una doble vida? Al menos eso es lo que yo creía. Porque así es como yo vivía mi vida. Era una habilidad que supe cómo perfeccionar, vivir una vida compartimentada: actuando de una manera con un grupo y de otra manera con otro grupo diferente.

Su familia se me hacía tan intrigante, yo se que notaban cuando decía que yo creía en Dios pero definitivamente no caminaba con él, ni tantito. Entre más tiempo pasaba con ellos empecé a darme cuenta que ellos vivían de una manera muy honesta. Eran fieles a sus creencias, eran muy abiertos en todas sus creencias al igual que como trataban a otras personas.

Mientras los observaba dos cosas se me fueron aclarando; Dios y familia. No eran perfectos, pero en todo lo que hacían era de acuerdo a Dios y su palabra. Buscaba las mentiras, lo que ocultaban, los secretos, o algo que estaban escondiendo, porque era muy raro que pudiera haber gente que viviera de esa manera. Y sabía que tarde o temprano yo empezaría a ver sus defectos.

Mientras más tiempo pasaba, yo quería lo que ellos tenían: paz, confianza en algo mucho más grande que ellos mismos. Me preguntaba si esa paz, confianza y Fe se derrumbaría si pasaran por algo difícil. ¿Cómo sería su comportamiento si Dios no les diera algo o cuando las cosas no fueran como ellos lo desearían?

Desafortunadamente mi gran amigo, Steve, murió a la edad de diecinueve años. Este fue el momento en el que demostraron verdaderamente lo mucho que su Fe significaba para ellos. Su mamá, Jane, le dio Gracias a Dios por los diecinueve años que les regaló con Steve. Yo quería ver amargura, odio, tal vez un berrinche muy bien merecido. Entre tanto dolor por la tragedia, lo que demostraban era agradecimiento y fe a pesar de su gran pérdida. Dios definitivamente estaba ahí en ese hogar, y yo quería lo que ellos tenían porque eran reales.

La Fe no es algo que uno puede sostener en una mano y pasarla a alguien más. Pero ese día, mi vida cambió gracias a lo que esta familia representaba honestamente, mi vida. Yo quería paz por medio de la tragedia y de la tristeza. No me lo merecía pero quería algo a lo que aferrarme en esos momentos cuando me sentía derrotada. Sabía que vendrían días malos, pero quería un plan perfecto que me ayudara a sobrevivirlos. Quería la esperanza de algo mejor, algo que no me fallará.

Y en ese día en la cocina, yo entregue mi vida a Dios. Ya estaba cansada de ser la que manejaba mi vida llena de errores y egoísmo; quería que Él me ayudará a cambiar mi vida por algo mucho mejor de lo que yo podía darme a mí misma.

Tomamos decisiones en nuestra vida cotidiana que requieren pequeños actos de fe porque confiamos en la palabra de un amigo o de alguien en quien consideramos digno de confianza. Con el tiempo, no importa cuánta información recopilemos sobre Dios, no importa lo que la gente diga sobre Él, simplemente por la naturaleza de Su ser sobrenatural, eventualmente tendremos que decidir confiar en que Él es quien dice ser.

Tendremos que elegir saltar espiritualmente hacia una entidad que no opera enteramente en nuestro ámbito de comprensión. Mientras es de valor en nuestra Fe saber quien es El, nunca podremos entender a Dios porque somos mucho menos que Él. Por eso necesitamos ese salto de Fe.[8] La Fe consiste en confiar en lo que uno cree que es verdadero. Como Moreland y Craig escriben en su libro, *Fundamentos Filosóficos para una Cosmovisión Cristiana*. "No es un salto a ciegas e irracional hacia la oscuridad."[9]

Si eres fanatico de los deportes extremos y has visto a alguien corriendo o haciendo movimientos acrobáticos de volteretas, entonces tienes una muy buena idea literal de lo que es un salto de Fe. Corren, brincan constantemente, se retuercen, volteandose y rodando. Los brincos son increíbles para una persona normal. American Ninja Warriors son mis atletas favoritos. Compiten en obstáculos diseñados para desafiar sus habilidades físicas y mentales. Las canchas de este deporte, literalmente, requiere que estos atletas den brincos físicos con fe. Tienen que confiar en ellos mismos, su habilidad física al igual que a sus pies y manos que tendrán que conectarlos a algo sólido para poder seguir al siguiente obstáculo.

Espiritualmente nuestro salto de fe es como el de esos atletas. Sus saltos de fe están conectados a sus habilidades físicas, pero espiritualmente nuestros saltos de Fe están conectados a las habilidades de Dios. Es nuestra confianza en saber que llegaremos a donde necesitamos llegar y Él nos dará lo que necesitamos para alcanzar lo que tenemos que hacer. Lograremos completar nuestros propios obstáculos de la vida, no por lo que somos sino por quien es El. Requerimos confiar no solo en nuestras habilidades sino en las de Dios. Atletas de deportes extremos seguido terminan un obstáculo a ciegas, y nuestra Fe es igual.

El confiar en Dios no quiere decir que podremos entender completamente quien es El. Es bueno investigar, hacer preguntas, y buscar. En realidad, Él nos pide que lo hagamos por nuestras limitaciones intelectuales y emocionales y por la necesidad de tener una relación con Dios. Espiritualmente esos saltos de Fe son emocionantes así como esos atletas se inspiran y lo hacen. Aunque estos atletas brincan por el aire así es como la oración nos ofrece un puente que no se puede ver entre uno y Dios.

Espiritualmente, la oración nos conecta a donde físicamente no podemos estar conectados. Nos ayuda con los "saltos de Fe" espiritualmente. Dios es un ser sobrenatural, nosotros somos seres naturales del mundo físico, y la oración es un conducto en nuestra relación con El.

Mis primeras oraciones eran simplemente un llamado a Él, y se sentía como un llamado de una voz muy pequeña en la oscuridad. Si me hubiera contentado en confiar solo en mis propios esfuerzos, seguir moldeando mi vida como me pareciera, mi orgullo me habría impedido vivir tantas experiencias maravillosas. Si hubiera continuando concentrándome en mis propias capacidades para conseguir las cosas que quería, me habría perdido de mucho. Ver a Dios requiere una perspectiva exterior, hacia Él y hacia los demás. Aunque en ocasiones nos enfocamos solo en nuestras necesidades, eso disminuye el impacto de Dios en nuestras vidas al igual que el poder impactar/influir en las vidas del prójimo positivamente. Muchas veces escuchamos decir que se recibe más cuando ayudamos a otros a obtener algo. El pensar en otros y hacer un sacrificio por ellos es muy gratificante. Se podría decir que esto es lo contrario a lo que la sociedad diría y en las creencias de otras personas, pero en lo personal al entregar mi vida a Dios es mucho más gratificante que vivirla solo para mis propios placeres. Si entregamos nuestros corazones, mentes y almas a Dios con un espíritu de deferencia o sumisión sin duda sería visto revolucionario. Por ejemplo hoy en día, ¿qué generación quiere ser sumisa a alguien? El ser sumiso a la Biblia no es igual al tipo de sumisión típicamente descrito por la sociedad. Al contrario, el vivir sumiso a Dios, vivir siguiendo el camino hacia Dios es vivir entendiendo que Dios es soberano en todas las cosas.[10] Dios tiene un tipo de economía completamente diferente a la economía que vivimos hoy en día. Hoy en día logramos seguridad financiera, fama, puestos altos, y posesiones materiales—lo cual a todo esto le damos un valor superior, y en realidad, para Dios no lo es. El valora a lo que se llama "el fruto del espiritu" (Galatas 5:22:23):

Mas el fruto del Espíritu es amor, gozo, paz, paciencia, benignidad, bondad, fe, mansedumbre, templanza; contra tales cosas no hay ley."

Me pregunto. ¿Hay alguien que no desee tener todo esto? Sin embargo, el orgullo y el sentirte merecedor garantizan que ninguno de estos atributos se les otorgue. Si no damos, entonces ¿cómo queremos recibir? Incluso en nuestra sociedad, creas o no en Dios, si alguna ves has escuchado la palabra karma y entiendes la idea de obtener lo que mereces ya sea bueno o malo. Afortunadamente Dios no se ocupa del karma ni de darnos lo que merecemos en manera negativa.

Dios prefiere un corazón humildemente orgulloso, y para muchos de nosotros, esto es un tropiezo muy grande que nos bloquea. Parte del problema es que solo vemos y reconocemos a Dios por conveniencia y lo que puede hacer, solo cuando ya no podemos más. Si solo nos enfocamos en nosotros mismos, en nuestros deseos, y satisfacer solo nuestras necesidades, entonces no estamos enfocados en lo que Él quiere que veamos. Si pensamos que merecemos todo lo que tenemos, no podremos ver lo que Dios nos ha dado.

El orgullo nos bloquea y nos hace tropezar, parte porque nos ciega a las bendiciones y provisiones de Dios. Nos glorificamos nosotros mismos haciendo ídolos de nuestros esfuerzos, logros e incluso sabiduría en lugar de a Dios. Por muchos años, la gente ha creado sus propios ídolos; tratando de crear un dios dependiendo a nuestras propias necesidades.[11] El orgullo puede infiltrarse verdaderamente en nuestras oraciones, y nos da un sentido falso de elevar nuestras necesidades robándonos de buscar a Dios apropiadamente. Mateo 6:7 dice:

> *"Mas tú, cuando ores, entra en tu aposento, y cerrada la puerta, ora a tu Padre que está en secreto; y tu Padre que ve en lo secreto te recompensará en público. Y orando, no*

uséis vanas repeticiones, como los gentiles, que piensan que por su palabrería serán oídos."

Esto no dice que te reprimas en decir todas tus palabras, sino que Jesus nos dice que no usemos palabrerias; no digas tonterías por querer parecer espiritual. El rezo no se trata de sonar espiritual; es el tener una conversación honesta. El nos dice que no seamos orgullosos; no usemos palabrerias para vernos mejor ante El.

Dios no se mortifica por nuestras palabras sino por los deseos de nuestro corazón y en donde estamos buscando nuestro tesoro (Eclesiastés 11:9). Romanos 8:26-27 nos dice que *"el Espíritu mismo intercede por nosotros con gemidos indecibles."* Hasta en nuestra comunicación más exacta entre nosotros y Dios, no se necesitan las palabras. Dios se preocupa en lo que estamos concentrados, en lo que nuestros ojos atraen y ven. Como padres, solemos hacer lo mismo. ¿Como amados cuando nuestros hijos son de buen corazón y considerados, cuidándose unos a los otros? ¿Nos alivia el saber que no están peleando y obteniendo cosas de mala manera? ¿A poco no queremos darles cuando son generosos y comparten lo que tienen y que sean agradecidos por lo que les dimos?

La mayoría hemos oído de Satanás. Dios creó al ángel más hermoso y poderoso, sin embargo este ángel en lugar de ser agradecido y darle crédito a su Creador, él quería ser visto y reconocido por todos. Por lo cual su pecado fue el orgullo y ambición egoísta. (Ezekiel 28:17).[12] Esto es similar al plagio—robar la idea de otro sin dar crédito al que lo creo. Satanás quería tomar el trabajo de Dios como su propio. Por ejemplo, una pieza de arte no puede nombrar al artista ni a las manos que fueron creadas y tomar crédito por lo que es. También algo que fue creado con un propósito específico no se puede usar para algo más. Una pintura no puede ser un jarrón; una estatua no puede ser una cascada. Dios nos ha dado nuestros propios dones, y quiere que los usemos de forma específica. No se nos han dado solamente para tenerlos guardados. Todos somos sus hijos y él quiere que los compartamos!!

> *"Digo, pues, por la gracia que me es dada, a cada cual que está entre vosotros, que no tenga más alto concepto de sí que el que debe tener, sino que piense de sí con cordura, conforme a la medida de fe que Dios repartió a cada uno. Porque de la manera que en un cuerpo tenemos muchos miembros, pero no todos los miembros tienen la misma función, así nosotros, siendo muchos, somos un cuerpo en Cristo, y todos miembros los unos de los otros. De manera que, teniendo diferentes dones, según la gracia que nos es dada, si el de profecía, úsese conforme a la medida de la fe; o si de servicio, en servir; o el que enseña, en la enseñanza; el que exhorta, en la exhortación; el que reparte, con liberalidad; el que preside, con solicitud; el que hace misericordia, con alegría."* (Romanos 12:3-8)

Satanás nunca quería compartir lo que se le había obsequiado. Siempre codicio, y tomo algo que no le pertenecía. ¿Que tonto seria que una pintura tomara el credito por su belleza? Al igual de absurdo sería que nuestros hijos tomaran el crédito de su belleza cuando tal viene de la genética de los padres. Satanás quiere que seamos como él y constantemente trabaja muy duro por alejarnos de conocer y ver a Dios y lo mucho que nos ama. Quiere que seamos egoístas y tomemos el crédito por lo que ganamos, por lo que se nos ha obsequiado y quiere que actuemos merecedores. También quiere distraernos y que veamos lo abstracto para llenar nuestros corazones, mentes y almas excepto al ser espiritual que nos creó. Algunos tal vez crean que fuimos creados de una forma científica y de forma evolutiva.

A mi esposo le gusta observar los "detalles"; yo no. Ha estudiado y leído muchas teorías de cómo fuimos creados, y conozco muchas personas que también lo han hecho. Su búsqueda por comprender diferentes teorías científicas es importante para él. Le gusta ser persistente para encontrar respuestas a sus preguntas. En cambio, para mi es muy simple, no importa como Él lo hizo, somos creados por Dios y punto. Mis preguntas son otras.

Dios nos creó únicos, talentosos y hábiles; cada uno con propósitos y necesidades diferentes. No soy esa persona que tiene que tener todo figurado, si tu lo eres, a Dios le encantaría tener conversaciones contigo acerca de ese tema. Te aconsejo ser precavido, no dejes que el deseo de querer saberlo todo y tener todas las respuestas se conviertan en orgullo y que te sientas merecedora de todas las respuestas y esto te impida "conocer" a Dios. Muchos me han compartido que no creen en algo sin antes tener todas las respuestas. La búsqueda del conocimiento se podría convertir en un obstáculo para tener fe. Será imposible saberlo todo ya que no tenemos la mente de Dios.

Dios no teme a tus preguntas; El no se preocupa por el que podrías encontrar un mago pequeño detrás de la cortina como Dorotea en el País de las Maravillas. Nada de lo que le pides es tonto, insignificante o demaciado grande para Dios por medio de la oracion. Tal vez actúe en forma que no comprendamos, creamos, o esperamos, pero eso no quiere decir que no nos escucha.

Él es Todopoderoso, creador del cielo y la tierra (Revelaciones 1:8, Nehemías 9:6). Ama estar contigo. Si no lo ves activo y amoroso en tu vida, entonces deseo realmente que simplemente empieces a pedirle que "se muestre" en tu vida. El ver a Dios empieza cuando *lo buscas con la expectativa de verlo*. Esto requiere una mente abierta e investigadora que no sea egocéntrica.

Al final y al cabo, Dios quiere que escojamos. Dios nos da nuestra propia voluntad. Él quiere que seamos libres y que no estemos atados a nuestra propia cárcel llena de prejuicios. Cansa mucho el tratar de concentrarnos solamente en nuestras necesidades y en lo que queremos. ¿Que acaso solo pedimos por las cosas que creemos merecer y en nuestras necesidades, sin agradecer a Quien nos lo provee al trabajar muy duro para ganar lo que tenemos? Mucha gente cree que el trabajar muy duro y ganar lo que tienen, es un logro propio y no algo dado por Dios. Yo también creía igual. Así fue como crecí y todavía lo creo. El esfuerzo de trabajar duro es solo una parte de la ecuación. Muchos creen que el trabajar duro es el camino para llegar al Cielo. El ser una persona buena, y ser caritativa, nos mantiene enfocados en nuestro esfuerzo. La autosuficiencia puede ser una forma de orgullo. Nos impide reconocer y agradecer lo que Dios no da. Como Cristianos, Dios nos asegura nuestro lugar en el cielo, no por lo que uno hace sino por lo que Dios ha hecho por nosotros. Él nos pide que actuemos de tal manera siempre reconociendo que lo que él ha hecho por nosotros es por el amor que le tenemos. (Juan 14:15, Isaías 46:9). Esto es la Gracia. El pensar que hemos "merecido" todo lo que tenemos es rechazar de no ver la Gracia de nuestro Señor en nuestras vidas.

CAPITULO 3

LA ECONOMIA DE DIOS

*"Nos ganamos la vida con lo que obtenemos. Hacemos
una vida por lo que damos."*
—WINSTON CHURCHILL

*"Es muy probable que haya confundido lo que necesito
con lo que quiero. y si ese es el caso, estoy buscando
ambos en el lugar equivocado."*
—GRAIG D. LOUNSBROUGH

Al principio de nuestro matrimonio mi esposo Dave y yo nos turnábamos de cuidar nuestras finanzas. Él se encargaba unos meses y después era mi turno. Cuando era mi turno rápidamente empecé a hundir nuestras finanzas. De tal manera que todos nuestros ahorros bancarios ya se habían desvanecido al igual que nuestro diezmo a Dios, y solo nos quedaban nuestras tarjetas de crédito para comprar el mandado y solo podía hacer los pagos necesarios lo cual me ayudaba a que mi esposo no se enterara de la situación.

Cuando finalmente le dije a Dave la verdad del mugrero que había hecho con nuestras finanzas. Repito, esto pasó hace dos décadas. Dos cosas pasaron, las cuales me afectaron y siguen afectando hasta hoy en día. La primera fue la reacción de mi esposo. Primero que todo, si, estaba decepcionado. El siempre ha sido devoto a hacer todo correctamente, lo cual consiste en siempre pagar las cuentas y darle a Dios lo que venía de Él. En lugar de reprenderme, gritarme o echarme en cara el mugrero que había hecho, simplemente me dijo, "tenemos que componer esto." Mi esposo es el tipo de hombres que planea todo para hacer lo correcto.

Lo segundo que pasó es que podíamos sentir a Dios en acción en esta situación.

Habíamos terminado un curso que trataba de planeación de finanzas por medio de nuestra Iglesia. Esto nos ayudó mutuamente teniendo en cuenta nuestras diferentes personalidades. Sentía mucho alivio de que mi esposo no me iba a hacer sufrir, entonces tuve la valentía de decirle que tendríamos que eliminar nuestras salidas, al igual que el entretenimiento ni cosas divertidas, ¡y que tal vez tendríamos que comer frijoles por el resto de nuestras vidas! Se echó a reír y dijo que eso no era realista y que trabajariamos juntos para arreglar nuestras finanzas.

Primero que todo, Dave empezó a pagar nuestro diezmo y no solo el porcentaje de su cheque sino todo lo que yo había dejado de pagar por meses. Después, poniamos en sobres cierta cantidad, lo suficiente para el mandado, otro para las necesidades que llegaramos a tener, y otro sobre para nuestro entretenimiento. Empezamos a pagar los cobros necesarios, como el pago de la casa, la electricidad, el agua, y lo mínimo en lo que fuera extra. Y primordialmente así pagar por completo las deudas más chicas hasta terminar por completo con todas las deudas lo más pronto posible. Cada vez que una de las deudas se clausuraba, empezábamos con la que seguía y tarde o temprano acabamos de pagar todas.

En papel estuvimos en rojo por mucho tiempo. Siempre traía para todos lados un libreto en el que escribía todas mis compras antes de entrar a una tienda. Deje de caminar por los pasillos sin necesidad y en muchas ocasiones me decía a mi misma "no lo necesitas." En poco tiempo descubrí que era cierto y que no lo necesitaba. Fue un tiempo de persistencia intencional y en muchas ocasiones un sufrimiento increíble de deprivación. En medio de todo esto Dios estuvo presente de una manera muy increíble.

El ver nuestras finanzas en papel y ver todo el tiempo que nos tomaría en pagar todas las cuentas, era abrumante. Era demasiado. Rezabamos juntos, y le dedicamos nuestras finanzas a Dios y estabamos comprometidos a pagar nuestro diezmo primordialmente por completo. Esto me daba mucho miedo porque sabía que no teníamos el dinero para poder hacerlo. Sin embargo, mi esposo estaba decidido. No tendríamos ninguna negociación en este tema.

Entonces oramos.

Dave decidió vender parte de nuestras acciones. Con esto podríamos pagar parte de nuestro diezmo. Esto nos limitaría con nuestras inversiones a largo plazo al igual que nuestra jubilación. Al haber tomado la decisión y a punto de hacer la transacción las acciones subieron en precio a un valor que lo que ganariamos sería suficiente para pagar casi todo lo que debíamos en diezmo. Dave solía escribir patentes mientras hacía sus estudios en la facultad de leyes y un poco después de esto recibió una llamada en la que le preguntaban si él quería trabajo extra. Hasta hoy todavía recuerdo que aparte de tener que trabajar horas extras en su trabajo normal aparte llegaba a casa a seguir trabajando por muchas horas para poder pagar todas las deudas que por mi egoísmo yo había causado por no saber como poner nuestras finanzas en orden. El ni una sola vez me lo echó en cara o se sintió resentido conmigo por esto.

Yo por mi parte empecé a cuidar a mi sobrino en casa para ganar un poco de dinero. Lo cual fue una bendición y él llegó a ser como un hijo postizo ya que teníamos tres hijas. Siempre bromeaba con su mamá que tenía que compartirlo.

Cuando Dave llegaba a casa los fines de semana, yo trabajaba sirviendo en el bar y como mesera. Era muy difícil, porque requeria persistencia lo que en ese tiempo teníamos que tener. Al igual que debíamos tener mucho control al tomar decisiones financieras diariamente. No teníamos ninguna tarjeta de crédito ni débito. Solamente efectivo y honestamente era tan liberante tanto como difícil. Empezó a ser fácil el decirme a mí misma que no necesitaba tal cosa y el decirle a Dave en lo que estaba gastando empezó a ser una carga menos. Mi esposo fue muy generoso en la forma en que me amaba y no permitió nunca más el ponernos en esa posición. Todavía creo ciegamente que el hecho que nuestras acciones se multiplicaron o triplicaron exactamente cuando estábamos a punto de venderlas, la verdad no se cuanto, pero sé que cosa hecha por Dios ya que en realidad le pertenecia a Él. El trabajo que de repente surgió, la actitud de mi esposo y las deudas que pudimos clausurar, todo esto fue parte de una gran e increíble bendición que recibí durante todo este tiempo. Creo que esos tres meses en los que no pude componer en papel se nos triplicó y era una realidad. Al final de cuentas logramos quedar en tablas. Y finalmente estábamos de nuevo en buen camino.

> *"Sin falta le darás, y no serás de mezquino corazón*
> *cuando le des; porque por ello te bendecirá Jehová tu Dios*
> *en todos tus hechos, y en todo lo que emprendas."*
> (Deuteronomio 15:10)

Yo fui la que nos endeudo, pero Dave fue muy generoso con su amor, misericordia, sabiduría, diligencia, y disciplina. Durante un tiempo muy difícil, él dio todo lo que podía para ayudar a lograr lo que era correcto y lo que Dios nos pedía hacer. Lo hizo sin resentimiento y ni una sola vez mencionó el precio tan grande que él estaba pagando por lo que yo había causado. Dios bendijo todo trabajo que había puesto en las manos de Dave y usó su corazón para que yo viera y tuviera el amor que nunca había sentido antes.

> *Hablando a la Iglesia en Corinto, Pablo dijo"Para que*
> *estéis enriquecidos en todo para toda liberalidad, la cual*
> *produce por medio de nosotros acción de gracias a Dios."*
> (2 Corintios 9:11)

Recuerdo que en ese momento me hizo recordar que la generosidad de mi esposo era como un reflejo de cómo Dios es generoso con nosotros. Nunca volví a quedarme con el diezmo sino al contrario Oro por la oportunidad de poder dar más en la forma en que Dios nos guía.

El ser generosos no nos quita ni nos cuesta absolutamente nada. Dios siempre ha pagado por sí mismo su camino. En realidad, Él nunca nos ha pedido que demos algo que Él no nos ha dado. He aprendido que si quiero ser generosa entonces debo de dejar de decir, "Yo necesito, yo quiero" y empezar a pedirle, "¿Dios, que necesitas, qué es lo que Tu quieres?" Cuando lo hago es cuando repetidamente Dios nos multiplica la verdadera generosidad. En realidad, lo que uno da es demasiado poco a comparación a lo que Dios tiene y nos ha dado.

> *"Traed todos los diezmos al alfolí y haya alimento en mi casa; y probadme ahora en esto, dice Jehová de los ejércitos, si no os abriré las ventanas de los cielos, y derramaré sobre vosotros bendición hasta que sobreabunde."* (Malaquías 3:10)

Este verso es uno de los que Dave tiene muy buen conocimiento y del que ha estado comprometido desde el inicio de nuestro matrimonio. Ha confiado en Dios con una Fe total y no solo de palabra. El siempre supo que lo que Dios promete, Dios logra. Esto es diferente para todos según sus situaciones pero lo que si se con certeza es que Dios abrió mi corazón completamente cuando mi corazón estaba en un lugar correcto cuando deje de robarle y de engañar a mi marido. Hicimos un acto de fe e hicimos un depósito en Su almacén. Dios puede arreglárselas sin lo que yo puedo darle, pero Dave y yo sabemos que no podemos arreglárnoslas sin lo que Dios nos da.

En Lucas 12, Jesus les enseña a sus discípulos que no deben de preocuparse y se los dice de esta manera: *"No os afanéis por vuestra vida, qué comeréis; ni por el cuerpo, qué vestiréis."*

Jesus les está diciendo que hay mucho más en esta vida que nuestras necesidades. Jesus también les pregunta, *"¿Que acaso el preocuparse agrega una hora a sus vidas?"* Jesus prepara el escenario sobre cómo Dios viste y viste la tierra, Él creó, y luego

Jesús les dice a sus oyentes en el versículo 29 "Vosotros, pues, no os preocupéis por lo que habéis de comer, ni por lo que habéis de beber, ni estéis en ansiosa inquietud." Y en (el verso 31) *"Mas buscad el reino de Dios, y todas estas cosas os serán añadidas."*

Jesus sabe que siempre nos enfocaremos en nuestras necesidades. También seremos tentados en ser autosuficientes—alimentando nuestro orgullo y satisfacer nuestros deseos. Conociendo esto, Jesus nos dice que Dios se conserva en mucho más que en el solo darnos lo que necesitamos. La vida nos agrega más a la suma de nuestras necesidades cuando Él está involucrado. Dios no nos impide que le pidamos por nuestras necesidades; Nos está diciendo que hay mucho más que necesidades en nuestras vidas y él está al pendiente de todo. Él nos quiere dar MUCHO MÁS de lo que nosotros podemos sostener, tocar, consumir, o imaginar. Pero si solo te enfocas en lo que tu corazón y tu mente necesitan entonces te perderás de las riquezas de la vida que Dios nos ofrece.

Yo entiendo que el decirles esto a los que no tienen hogar y a la gente que apenas pueden sobrevivir, no ayuda. La supervivencia es un problema grave y satisfacer las necesidades básicas es absolutamente esencial. No he mencionado estos versos ligeramente y con despreocupación. Yo también he sentido mucha hambre y sin tener que comer, al igual que he caminado por muchas horas para llegar a una entrevista en McDonald ‹s. He robado por ser pobre y por sentirme que lo merecía. He usado un carrito de un supermercado para llevar cosas a casa porque no tenía carro.

Imaginate esto de alguien con corazón generoso, al recibir tanto y poder bendecir a otros. Piensa en lo siguiente, si conoces a alguien en necesidad y los ayudas dándoles todo lo que podemos. ¿Que tal si, durante nuestro tiempo en el que oramos pedimos el poder ser una bendición para otros?

Estoy abogando por que las personas elijan ayudar y por que todos cuiden de los demás. Fui pobre por muchas razones, la mayoría de las cuales me las causé a mí misma por mis malas decisiones. Siempre buscando "algo más," y todos los lugares en los que buscaba satisfacer mis necesidades eran solamente temporales. Ese tipo de búsqueda me estaba causando mucho sufrimiento. Eran sólo soluciones temporales, ya sea por comida, alcohol, relaciones a corto plazo, siempre preocupándome demasiado por la opinión y aprobación de los demás o desear posesiones materiales. Al final, nunca fue suficiente y volví a caer en una espiral contraproducente. Pregúntele a cualquier drogadicto, alcohólico, comedor excesivo o cualquier otro esclavo de una adicción que intenta llenar un vacío que sólo Dios puede llenar. Algunas adicciones parecen más saludables que otras. Estar en forma, ser guapo o querer trabajar duro no es malo; Sólo cuando estas necesidades toman el lugar de Dios se convierte en un problema.

Jesus termina la leccion (en Lucas 12, en el no preocuparte) al decirles a sus discípulos (versos 33-34):

> "... Vended lo que poseéis, y dad limosna; haceos bolsas que no se envejezcan, tesoro en los cielos que no se agote, donde ladrón no llega, ni polilla destruye. Porque donde está vuestro tesoro, allí estará también vuestro corazón."

CAPITULO 4

NUESTROS CORAZONES Y MOTIVOS

"Les doy mi mano, os doy mi amor más
precioso que el dinero, os doy a mí mismo antes que la
predicación o la ley; ¿Me darás a ti mismo?"
—WALT WHITMAN

"No ganes el mundo y pierdas tu alma,
la sabiduría es mejor que la plata o el oro."
—BOB MARLEY

Nuestros corazones, tienen una calle de doble sentido. Dejamos entrar y salir las cosas. Dios quiere que protejamos nuestro corazón, que tengamos cuidado con lo que dejamos entrar y cuidemos la seguridad que Él ha puesto en nuestro corazón. En Proverbios 4:23, somos aconsejados de lo siguiente: *"Sobre toda cosa guardada, guarda tu corazón;*

Porque de él mana la vida." Dios nos quiere dar cosas que valoremos y usemos en forma que verdaderamente entendamos el valor de tales.

¿Acaso la mayoría de nosotros no hemos sentido esa duda de darle algo a alguien que pensábamos que no valoraría? ¿Qué pasa con esa persona que parece tan desesperada, pero dudamos en dar porque estamos seguros de que usará ese dinero en drogas o alcohol en lugar de comida? Solía pensar en estas cosas principalmente porque yo era esa persona. Gastaba mi dinero en cosas que no eran buenas para mí. Mi esposo, mientras estaba en la universidad, veía a personas necesitadas, pero en lugar de darles dinero, les compraba comida.

¿Acaso no es Dios así, siempre dándonos lo que REALMENTE necesitamos y valoramos, en lugar de darnos lo que usaremos para hacernos daño? Tal vez no es lo que estamos pidiendo, pero es lo que necesitamos. Mi esposo nunca ha querido ser esa persona que ayuda a facilitar las malas acciones, y Dios tampoco. Eso significa que, si no damos cabida al pensamiento de que Él sabe que es lo mejor para uno y lo que "REALMENTE" necesitamos, nuestro orgullo se interpondrá en nuestro camino.

A veces no conseguimos las cosas que tanto deseamos que sabemos perfectamente no deberíamos tener. Dios usa todo por un buen propósito (Filipinos 2:3), por eso sabemos que cuando nos concentramos en lo que Él quiere que nos enfoquemos, las cosas saldrán bien. Si cometemos un error y lo buscamos con un corazón sincero, Él hará lo mismo con nosotros. Por mi parte, estoy eternamente agradecida de que Él sea paciente y compasivo (Salmos 145:8) y que se preocupe por mi corazón para que cuando tome malas decisiones o pida cosas con motivos erróneos que me dañaran, Él no me lo permitirá. Dios siempre nos da la libertad de elegir. Siempre se preocupa por nuestros sentimientos tanto emocionales como físicos al igual que por nuestras acciones. En referencia a la palabra "corazón," sobre si es nuestro o de Él, está escrito más de quinientas veces en la Biblia.[1] Hay otro aspecto en la oración que es importante en la economía de Dios -tu motivación y la condición de tu corazón. En Santiago 4:2-3:

> *"Pedís, y no recibís, porque pedís mal, para gastar en vuestros deleites. ¡Oh almas adúlteras! ¿No sabéis que la amistad del mundo es enemistad contra Dios? Cualquiera, pues, que quiera ser amigo del mundo, se constituye enemigo de Dios."*

Con respecto al rezo en nuestra vida, esto plantea muchas preguntas: ¿Nuestros motivos están alineados con Su voluntad? ¿Somos egoístas? ¿Es esto lo que Dios quiere darnos? Si no, ¿Qué es lo que Él quiere que tengamos?

El egoísmo se define, el siempre estar preocupado por un beneficio y placer personal ante todas las cosas. Gastar o usar lo que Dios nos da únicamente para nuestro propio placer es parte de nuestra motivación errónea. El interés de Dios no es el darnos cosas para que nos volvamos indulgentes, con actitud merecedora y egoístas. Lo cual es todo lo opuesto a lo que Él quiere para nosotros, que es el buscar algo más grande y mejor que nosotros mismos. Entonces, cuando oremos, por algo únicamente para nuestro propio beneficio, sería inútil.

La humanidad es generalmente egoísta; nacemos de esa manera. Si no me creen, pasen uno o dos días con cualquier bebé, o un niño pequeño. La mayoría hará lo que pueda para satisfacer sus deseos. Pueden ser egocéntricos y buscar formas de hacerse notar o escuchar. No son maliciosos; simplemente tienen un mundo muy pequeño en el que son el centro. Dios quiere que nuestro mundo sea más grande de lo que podamos imaginar para que lo incluya a Él y el rezo lo hace parte de nuestro mundo. La meditación o repetición es una excelente manera de "orar a través de las Escrituras." Una que yo uso con frecuencia y que puede ser útil para revelar los motivos de nuestro corazón es el Salmo 139:23-24:

> *"Examíname, oh Dios, y conoce mi corazón; Pruébame y conoce mis pensamientos. Y ve si hay en mí camino de perversidad, Y guíame en el camino eterno."*

Al meditar en un versículo específico, podemos entrenar nuestra mente para invitar a Dios. Este versículo, en particular, invita a Dios a entrar en nuestros corazones para atraer a nuestra mente lo que necesitamos examinar en nuestras vidas, ya sea nuestra actitud, falta de humildad, orgullo, ira o cualquier problema con el que Dios quisiera que lidiemos. Dios se preocupa por nuestros corazones. Si son entidades "obstinadas, frías y duras," carentes de ternura son como piedras, inmutables e inalcanzables. Los corazones de piedra no son aptos para dejar entrar al Espíritu Santo. Así como Dios no puede ser encontrado por una persona que no abre su mente, porque el Espíritu Santo no puede vivir en un corazón rígido. El Espíritu Santo nos es dado por Dios para nuestro beneficio, y nuestro corazón cambiará si permitimos que Dios haga ese depósito tan valioso:

> *"Os daré corazón nuevo, y pondré espíritu nuevo dentro de vosotros; y quitaré de vuestra carne el corazón de piedra, y os daré un corazón de carne."*

Este versículo hace referencia tanto a un corazón nuevo como a un espíritu nuevo que Dios pondrá en nosotros. Las piedras son pesadas, sólidas, inmóviles y sin vida. Charles Spurgeon hace varios comentarios sobre este tema en su sermón. "Quitaré Tu Corazón de Piedra." Primero habla del "corazón de piedra y sus peligros" y nos da una imagen de un corazón de piedra: "frío, muerto y duro." Su descripción nos dice que este corazón no se ablanda fácilmente y es incapaz de recibir. No se refiere a un corazón físico sino a un corazón que no puede ser usado por Dios"un corazón impermeable a toda instrumentalidad." ¿Por qué es esto importante para Dios? Simplemente, Dios quiere una relación con nosotros, pero no podemos tener una con Él si nos preocupamos única y primordialmente por nosotros mismos y nuestro bienestar propio, negándonos a notarlo, reconocerlo o dejarnos influenciar por Él. Las relaciones están hechas de conexiones, una cosa influye en la otra. Las relaciones se basan en la premisa de entidades separadas que se afectan entre sí. ¿Qué tan difícil sería si una persona no reconociera a la otra? Un "corazón de carne" significa vida, vitalidad, flexibilidad, crecimiento, suavidad y vulnerabilidad. En la segunda parte de su sermón, el Cirujano Spurgeon describe así un corazón de carne: "¿Qué se entiende por un "corazón de carne?" Significa un corazón que puede sentir a causa del pecado, un corazón que puede sangrar cuando las flechas de Dios se clavan en él; significa un corazón que puede ceder cuando el evangelio hace sus ataques -un corazón que puede quedar impresionado cuando el sello de la palabra de Dios viene sobre él; significa un corazón cálido, porque la vida es cálida; un corazón que puede pensar, un corazón que puede aspirar, un corazón que puede amar poniendo todo en uno; un corazón de carne significa ese corazón nuevo y espíritu recto con Dios que da al regenerado. Pero ¿de qué consiste este corazón de carne; En qué consiste su ternura? Pues su ternura consiste en tres cosas. Hay una ternura de conciencia. Los hombres que han perdido su corazón de piedra le tienen miedo al pecado; incluso antes del pecado le tienen miedo al (pecado) mismo."[5]

Puede que esto sea un poco formal, pero está dicho con elegancia. "Un corazón cálido, porque la vida es cálida, un corazón que puede pensar, un corazón que puede aspirar, un corazón que puede amar . . . una ternura de conciencia." Este es un corazón en el que Dios puede colocar Su tesoro, y este es un corazón que vale la pena proteger. (2 Timoteo 1:14). En la economía de Dios, nuestros corazones son muy valiosos. El quiere que lo abramos para que él pueda depositar su tipo de moneda. *"Y esta es la confianza que tenemos en él, que si pedimos alguna cosa conforme a su voluntad, él nos oye."* (1 Juan 5:14)

¿Entonces, qué es lo que Dios quiere darnos? ¿Fuerza? ¿Dinero? ¿Fama? ¿Fortuna? Claro que puede darnos todo esto, pero su economía no es la misma que la nuestra. Poder no significa adquirir y conquistar cosas y personas de manera implacable y despiadada. Ser ricos y prósperos no siempre significa financiera y materialista mente. De hecho, las Escrituras hablan de lo que Dios quiere darnos, y es algo que no podemos tomar ni comprar de otro para usarlo para nosotros mismos. Es intangible e invaluable . . . algo que se llama paz. En Filipenses 4:6-7, dice que la paz es algo que Él quiere darnos:

"Por nada estéis afanosos, sino sean conocidas vuestras peticiones delante de Dios en toda oración y ruego, con acción de gracias. Y la paz de Dios, que sobrepasa todo entendimiento, guardará vuestros corazones y vuestros pensamientos en Cristo Jesús."

¿Cuántas veces oramos por dinero o algo tangible cuando realmente necesitamos paz? Cualquiera puede arrancar un billete de un dólar de su mano, pero no muchos pueden quitar la paz de un corazón que Dios ha consagrado en el amor. En términos de tener la confianza en que Dios cuida nuestros corazones y nuestras oraciones, es saber que lo que Él quiere es vital para nosotros. Sabe que la paz es un bien invaluable. Eso no significa que no te dará dinero, pero significa que Dios quiere darte paz "en todo," y cuando nos acercamos a Él, Dios promete darnos eso y mucho más.

Su economía tiene que ver con el amor, la misericordia, la compasión, la esperanza, la sabiduría, el perdón y la libertad. Él tiene planes de que prosperemos (Deuteronomio 29:9, Jeremías 29:11) y que nuestras vidas siempre estén con Él (Salmo 27:4). Cuando enfrentamos nuestros días más oscuros, Él quiere consolarnos, librarnos de nuestros problemas y darnos lo mejor (Salmo 23:4). Él quiere hacer que todo sea para bien y satisfacer todas nuestras necesidades (Romanos 8:28, Filipenses 4:19). Él quiere ser nuestro defensor que nunca nos abandonara y quiere amarnos por la eternidad (Juan 14:16, Romanos 8:38-39). Esta es sólo una muestra de todo lo que Dios valora y quiere darnos. Muchas de ellas son condicionales, porque Él quiere que lo elijamos, confiemos en Él, y tengamos una relación con Él. Todo esto no se puede comprar: paz, consuelo, un lugar de refugio, conocimiento, ser amados, ser llenos de Su ayudante (el Espíritu Santo), enderezar nuestros caminos y el perdón. Él quiere que sepamos que nos ama de una manera total, completa e indefectiblemente/constante. Tenemos un hogar eterno con Él en el cielo cuando lo elegimos. Él tiene un plan para nosotros y cada uno de nosotros es especial y creado por Él. Dios es un ser sobrenatural y como tal, nuestra fe en Él nos fortalece. Estas son muy diferentes a las que se basan en una economía materialista. Pero Dios no está en el negocio de los portafolios materialistas sino en el de reconciliar nuestros corazones para que podamos estar eternamente con Él. Sus depósitos no están encerrados en una caja fuerte de metal, y cerrada con una combinación para que pocos la puedan acceder; Sus depósitos se hacen en cada corazón que lo invoca. Sus depósitos están destinados a ser compartidos con todos. La economía de Dios es eterna y comunitaria. Él quiere que nos ayudemos unos a otros y lo veamos a Él. En Mateo 18:18-20 (El Mensaje), Jesús dice:

> *"De cierto os digo que todo lo que atéis en la tierra, será atado en el cielo; y todo lo que desatéis en la tierra, será desatado en el cielo. Otra vez os digo, que si dos de vosotros se pusieren de acuerdo en la tierra acerca de cualquiera cosa que pidieren, les será hecho por mi Padre que está en los cielos. Porque donde están dos o tres congregados en mi nombre, allí estoy yo en medio de ellos."*

Dado que la economía de Dios nos promete muchas cosas buenas y trata de depósitos personales puestos en nuestro corazón, tiene sentido que nuestros motivos sean extremadamente importantes para Él. ¿Acaso no es lo mismo con nosotros? Cuando le damos algo, ¿no queremos darle aún más al que valora lo dado? Dios es amor y Dios es bueno: no nos da cosas para dañarnos o dañar a otros. ¿Que tan impactantes serían nuestras oraciones si las pidiéramos con motivos impulsados por el amor y la bondad en lugar de que fueran motivadas por el egoísmo y sólo centradas en nosotros mismos? No podemos ocultar nuestros corazones de Dios. En Eclesiastés 11:9, dice que *"podemos seguir los caminos de nuestro corazón y todo lo que ven nuestros ojos, pero sabemos que por todas estas cosas Dios nos juzgará."* A Dios le interesa saber cuál es el deseo de nuestro corazón y dónde buscamos reunir nuestro tesoro, así como dónde buscamos gastar nuestras bendiciones. ¿Le estamos pidiendo a Dios bendiciones cuando sabemos que tenemos nuestro corazón invadido de amarguras personales, falta de perdón, egoísmo, ira o cualquier otro problema sin dejar espacio para que Dios haga su depósito divino? Él no nos dará cosas que deben usarse de una manera que contradiga Su carácter. Él es muchas cosas, pero no es malo. Orar de una manera que tenga la intención de nutrir un corazón lleno de venganza, amargura, falta de perdón o daño a los demás es contraproducente. Si elegimos todas esas cosas por nuestra cuenta, entonces seremos juzgados por Él y llamados a rendir cuentas por nuestros motivos y acciones. John Bevere, en su libro *The Bait of Satan/El Anzuelo de Satanás* escribe que "sólamente Dios tiene el derecho de juzgar . . . no debemos tomar las prerrogativas de Dios en nuestras propias manos. Está mal el hacer lo correcto de manera incorrecta.[6] "Aunque nuestros motivos son vitales, eso no le da a nadie una vía libre para hacer lo que quiera aclamando hacerlo "por las razones correctas." Nuestras acciones siguen siendo parte de la contabilidad a la que Dios nos llamará.

Agrego que en una economía que es muy diferente a la que normalmente nos enfocamos, Dios también tiene algo que decir sobre los tesoros escondidos. En Isaías 45:3, Dios promete *"dar tesoros escondidos en las riquezas secretas de la oscuridad—Haré esto para que sepáis que yo soy el SEÑOR, el Dios de Israel, el que os llama por nombre."* El mensaje de Isaías tiene doble intención; hay una promesa y una razón. Hay tesoros que Él quiere darnos y nos dice por qué nos los dará. Su propósito no es única ni principalmente hacernos felices, sino que nos da para que *"sepamos que él es el Señor, el Dios de Israel."* Esta no es una declaración de un Dios orgulloso, o un egomaníaco que sólo quiere nuestra servidumbre y seguir nuestras reglas. Esta declaración requiere reverencia, asombro, confianza e intimidad. Cualquier persona que se sienta asombrado por una majestuosa puesta de sol o la enormidad del océano sólo ha vivido una pizca de la gloria de Dios. Esa puesta de sol, no representa el orgullo ni egoísmo, simplemente "es." Así es la gloria de Dios; Él simplemente "es." Él quiere que primero lo reconozcamos para que así podamos confiar en que Él puede hacer lo que declara.

La última parte de ese versículo dice: *"el que os llama por nombre."* Esta es una declaración de intimidad a un nivel muy individual. Él nos da para que podamos responderle a nivel personal. Aprender de Dios y orar para que se revele en nuestros corazones y mentes nos ayuda a que nuestra fe crezca. Nuestra fe crece al hacer preguntas y aprender cómo es que Dios nos pide que afectemos positivamente al mundo que nos rodea. En contexto, este versículo fue tomado de un capítulo escrito sobre Ciro el Grande, rey de Persia (Isaías 45:1-7). El rey Ciro no era israelita, pero Dios lo llamó por su nombre y al hacerlo, Dios lo reconoció de una manera muy personal e individual. Dios *"Lo fortalece, lo apoya y lo ayuda a derrotar a otros reyes."* Él promete *"ir delante de él y nivelar las montañas y derribar puertas de bronce y cortar barras de hierro."* Este rey aún no había reconocido que Dios es el Señor sobre todas las cosas, pero Dios le prometió tesoros escondidos.

En el versículo 13, Isaías escribió que Dios *"levantará a Ciro en su justicia y enderezará todos sus caminos."*

La figura histórica, el rey Ciro, reconstruiría la ciudad de Dios y liberaría a sus condenados. El libro de Isaías fue escrito unos ciento sesenta años antes de que el rey Ciro gobernara y unos cien años antes de que la ciudad fuera destruida.[8]

Dios siempre trabaja para nuestro beneficio y de acuerdo con sus planes, por mucho más tiempo de lo que podemos imaginar. Algunas cosas no cambian, porque el propósito y el amor de Dios por nosotros nunca cambia (Hebreos 6:17). Él cumple todas sus promesas y su palabra es la verdad (Salmo 89:34). La forma en que se describe a sí mismo en la Biblia no cambia ni por los gobiernos ni por lo políticamente correcto o por cualquier capricho de una sociedad o cultura en particular (Santiago 1:17). Lo que él es para una persona lo es para todos. Para todo aquel que *"pide, busca y llama,"* será encontrado. Podemos preguntarle a Dios que significa hoy en día este versículo por medio de la oración para cada uno de nosotros como individuos. Si le preguntamos a Dios de Sus verdades por medio de nuestros rezos durante nuestras vidas, cuando nos sentamos con con El, si nos tomamos el tiempo de verlo y buscarlo él se revelara personalmente porque así es él cuando elegimos encontrarlo. Su propósito no ha cambiado desde el principio de los tiempos, y eso incluye tener una relación con nosotros. ¿Estamos pensando de la misma manera que Dios o sólo nos preocupamos por nuestras propias necesidades y nuestras propias comodidades? A medida que conocemos quién es Dios y qué quiere para nosotros, podemos transformar nuestros pensamientos y, a través de la oración, transformar nuestras vidas.

El tesoro del que habla Isaías es abundante, pero está escondido en la oscuridad, en un lugar secreto, en un lugar de protección. En la época del rey Ciro, este tesoro escondido puede haber sido literalmente un tesoro escondido de otro rey. Es lógico tener un almacén para nuestros tesoros que no pueda ser saqueado ni robado; protegemos las cosas a las que estamos apegados, las cosas que valoramos y amamos. Por eso cerramos nuestras puertas por la noche antes de acostarnos sin tener que estar de guardia. En este versículo, Dios le dará tesoros a Ciro: *"las seguridades escondidas en la oscuridad."* Le dará a Cyrus riquezas secretas.

¿Por qué esto fue grabado en la historia? ¿Por qué Dios quiere que sepamos que le dio a Ciro algo que pertenecía a otro incluso antes de que sucediera? En sentido literal y con respecto a nuestra vida de oración, Dios tiene el poder de tomar y dar lo que quiera. Nadie puede aferrarse a algo que Él no quiere que tenga, y nadie puede privarnos de algo que Él quiere darnos, por muy bien escondido que esté. Todo es suyo, no nuestro; y esto será así desde el principio de los tiempos hasta el fin de ellos. Al orar por las cosas que nos gustaría tener, ¿estamos orando para ser un instrumento en Su causa? Mueve recursos de una mitad a otra para que eso suceda.

En el Nuevo Testamento, Jesús enseñó verdades espirituales difíciles a través de historias y parábolas. No todos entendieron lo que Jesús enseñó (Mateo 13:13), pero para aquellos que buscaban la verdad, Él esperaba que fuera clara. Habría utilizado situaciones y ejemplos que habrían sido comprendidos culturalmente y muy claros para quienes escuchan y buscan la verdad. Las historias habrían facilitado espiritualmente la conexión con la verdad que Jesús quería enseñar.[9]

Además de su hecho histórico, el versículo de Isaías puede ser una especie de parábola de una verdad invaluable para nuestra vida de oración y para nuestra búsqueda de Dios. Esa verdad es que Él ha escondido cosas para poder revelarlas. Él protege tesoros valiosos para que cuando busquemos Su verdad, encontremos lo que buscamos.

"Porque no hay nada oculto que no haya de ser manifestado; ni escondido, que no haya de salir a luz." (Marcos 4:22)

"Porque nada hay encubierto, que no haya de descubrirse; ni oculto, que no haya de saberse. Por tanto, todo lo que habéis dicho en tinieblas, a la luz se oirá; y lo que habéis hablado al oído en los aposentos, se proclamará en las azoteas.' (Lucas 12:2-3)

Cuando éramos niños, muchos de nosotros hemos jugado al juego del "escondite." Hay muchas variaciones y este se juega en todo el mundo. En España, se llama "el escondite," en Francia, "jeu de cache," en Israel, "machboim," en Corea del Sur, "sumbaggogil" y en Rumania, "de-av-atiascunselea."[10] Está en nuestra naturaleza el querer encontrar algo valioso que esté escondido. Dios nos creó de esta manera y esconde cosas para que podamos encontrarlas. Para muchos de nosotros, es a través de nuestra búsqueda, nuestra lucha, nuestro trabajo, que encontramos Su tesoro más valioso que cualquier cosa que haya aquí en la tierra. En nuestra vida de oración, podemos pedirle a Dios que haga por nosotros las conexiones que están escritas en la Biblia, independientemente del contexto histórico en el que fueron escritas. Aunque la Biblia se compone de diferentes libros con diferentes intenciones y temas que trascienden diferentes culturas y fueron escritos por diferentes autores, a través de la oración se vuelve personal y conversacional. Dios puede hablarnos directamente a través de Su palabra. Podemos encontrar capas de significados que hacen que la Biblia sea más personal e íntima para nuestras vidas.

CAPITULO 5

¿POR QUÉ ORAR? EVENTO FUNDAMENTAL

"Cambia como ves y veras como cambias."
—Zen Proverb

"Me da una sensación profunda y reconfortante
de que las cosas que se ven son temporales y
las que no se ven son eternas."
—Helen Keller

Mi viaje junto a Dios y en oración me ha llevado a muchas experiencias y revelaciones maravillosas e impactantes. Las siguientes tres observaciones son las que me parecen más importantes:

- El orar no se refiere a que debe de ser perfecto, sino más bien de tener una relación. Solo debes empezar y ser persistente.

- El orgullo es un gran obstáculo cuando oramos. El orgullo hace sentir que somos mejores que Dios. Necesitamos conocer quién es Él antes de poder confiar con nuestro corazón.
- Dios tiene su propia economía. El quiere una relación personal. Él ha hecho promesas de lo que quiere darnos y se preocupa por los motivos de nuestro corazón.

La Biblia nos dice que oremos persistentemente y por todo (Lucas 18:1), y debemos esforzarnos por tener esa meta maravillosa. Hay momentos en la vida de todas las personas que traen un cambio de perspectiva. Esos momentos nos anuncian una forma nueva de existir, hasta el punto de que ya no puedes volver a ser como antes.

Hubo un momento en mi vida que afectó mi forma de orar. Le di un nuevo significado al término "vida de rezo." Aprendí que cada una de mis oraciones son vitales y tienen significado en el mundo espiritual y son más significativas e impactantes de lo que conocemos. Aunque no comprendo completamente todos los detalles del término "vida de rezo," lo que viví cambió y le dio vida a mi forma de orar. Me ayudó a entender, sólo un poco más, el por qué necesitamos orar persistentemente y en todo lo que hacemos.

A Dios le importan nuestras oraciones, al igual que nuestros corazones y almas. Tener una relación con Dios, compartir lo que sentimos en nuestro corazón y luego buscar Su participación en nuestras vidas y escuchar lo que Él nos dice da vida a nuestras oraciones. Con Él, nuestras vidas crecen, evolucionan y afectan las de los demás de maneras que no podemos imaginar.

Hace años viajé a Rusia con un grupo de desconocidos. Nuestro equipo estaba formado por personas de todo Estados Unidos y ninguno nos conocíamos. Al único que todos conocíamos era al líder. Habían muchos amigos, grupos religiosos y otros creyentes en los Estados Unidos que habían estado orando por el éxito de este viaje de misioneros.

Viajar a territorio desconocido me resultaba muy desconcertante. Soy una persona hogareña, cobarde que se pierde dando vueltas a la manzana. También tengo problemas de abandono, por lo que viajar a otro país sin mi marido y con extraños fue sólo una de las razones por las que comencé a orar fervientemente por la provisión de Dios. A medida que se acercaba el día para abordar nuestros vuelos individuales, comenzaron a suceder cosas extrañas que se presentan como obstáculos a nuestros viajes. Surgieron lesiones, complicaciones y simplemente rarezas. La mayoría de nosotros lo vimos como una guerra espiritual, fuerzas espirituales malignas que se oponen a Dios y al bien que Él quiere que hagamos. En lo personal desarrollé un forúnculo enorme y muy vergonzoso, durante la noche antes de mi vuelo, eso haría que estar sentado en un avión durante todas esas horas fuera extremadamente doloroso. Esto era algo que nunca antes había vivido y no me ha vuelto a pasar desde entonces. Sin tiempo para ir a ver a un médico para que lo tratara lo tuvimos que tratar en casa y mi esposo y yo rezamos para que a ninguno de los misionarios nos impidiera abordar nuestros vuelos. Hasta el día de hoy, me sorprende lo que muchas de las mujeres tuvieron que superar para llegar a sus vuelos: conmociones cerebrales, dolores extremos de rodilla, dolores de espalda, etc.

A cada una de las que participariamos en el equipo se nos había dado un trabajo. Cada una de nosotras habia sido llevado allí para cofacilitar ayuda a un grupo de mujeres a través de un estudio post-aborto lo cual ayudaria a las mujeres a recuperarse de esos procedimientos. En mi pasado yo había tomado muy malas decisiones en la vida y en ese entonces este estudio me había beneficiado enormemente (aunque estaba segura de que no lo necesitaba antes de realizarlo). Por lo cual pasé años tratando de ayudar a las mujeres a recuperarse de su decisión de abortar ayudándolas a seguir los pasos de este estudio. Al realizarlo en los Estados Unidos, planeábamos entre 6 y 12 semanas o más, dependiendo del cronograma y la programación.

Es complicado desentrañar pensamientos, sentimientos y problemas que las personas no pueden afrontar cuando no creen que necesitan ayuda. En Rusia, mi co-facilitador y yo tuvimos tres días para guiar a nuestro pequeño grupo de mujeres a través de este estudio. Mi preocupación era que si haciéndolo cuando todos hablaban el mismo idioma en este caso Inglés era suficientemente complicado y lo tratariamos de hacer por medio de un traductor y en poco tiempo, sabia que seria mucho mas complicado.

Habíamos estado orando durante meses para que Dios fuera visto y escuchado, incluso antes de abordar nuestros vuelos, aunque asombrados, no me sorprendió que así fuera. Conocí a una persona totalmente extraña para mí que venía de una parte completamente diferente de los Estados Unidos, la que fue mi compañera para guiar a estas mujeres a través del estudio, y él fue la respuesta a mi oración, al igual que nuestro traductor. Un ejemplo fue que mi compañera prefería pensar en las oraciones que quería decir, detenerse y luego permitir que su traductor hiciera la traducción.

Al hacer esto ella podría tomar su tiempo para pensar y así continuar con las siguientes oraciones, y así continuó el mismo proceso repetidamente hasta completar sus pensamientos. La verdad por mi forma de ser yo nunca habría funcionado de esta manera por mi forma de pensar. Detenerme y esperar me habría distraído demasiado. Cuando me tocó hacerlo, el traductor que me asignaron era justo lo que necesitaba. Bajé la voz y hablé en voz baja y ella tradujo a las damas mientras yo hablaba, reflejando perfectamente mi entonación. Ella literalmente se convirtió en mi voz para que yo pudiera seguir hablando y no distraerme. Ni siquiera sabía hasta que comenzamos nuestro grupo que los traductores podrían tener ese tipo de impacto y aún así gracias a Dios que nos cubrió en cosas de las que no sabíamos nada y ni siquiera sabíamos que podríamos obtener.

Pudimos ayudar a estas mujeres a través de este estudio en tres días, en un idioma extranjero y en múltiples niveles que generalmente se enseñan por separado. Logramos ayudarlas con sus propios dolores y necesidades y les enseñarles cómo impactar a otros a través del mismo estudio. Siempre haciéndolo de manera segura, mientras intentaban auxiliar a las mujeres en una atmósfera que no acepta el cristianismo. Fue realmente sorprendente lo mucho que absorbieron y aprendieron y cómo Dios se comunicó por medio de nosotros a pesar de las diferencias de idioma y culturales . . . pero esto fue solo el comienzo. Antes de este momento, mis oraciones consistían principalmente en las cosas que eran necesarias físicamente, materiales y espirituales. También oraba por otros y por lo que necesitaban, pero sinceramente no pasaba mucho tiempo en oración más que para "darle" mi lista de deseos a Dios. No lo hacía para pasar tiempo significativo con Él. No era consistente, ni oraba para reconocer quién es Él ya que se trataba principalmente de mí y de vez en cuando, de los demás. Los próximos días en esta misión en Rusia cambiaría mi perspectiva. No puedo escribir sobre todas las formas en que Él se mostró ante mí en ese viaje, pero compartiré las más impactantes . . . y las más inexplicables. En una ocasión, hicimos un ejercicio de oración solo con nuestro equipo. Noto que nunca había hecho este ejercicio antes. Los líderes con más experiencia acompañaron a los que tenían menos experiencia para que pudiéramos ver cómo era. Cada uno de nosotros tenía una tarea diferente; las damas que ya tenían experiencia en la oración intercesora fueron las primeras en la fila.

La oración intercesora es orar por otra persona en su nombre incluso cuando no puede o no quiere hacerlo.[1] Galatas 6:2 nos dice que debemos *"llevar las cargas unos de otros, y así cumpliréis la ley de Cristo."* A este tipo de jugador también se le puede denominar *"pararse en el espacio."* El pecado nos separa de Dios, creando una división; un espacio. La caída del hombre del Jardín del Edén se produjo por un espacio. podemos "sustituir" a otra persona, tal como Jesús lo hizo por nosotros, con nuestras oraciones. Si una persona ora por alguien que está pasando por dificultades o problemas, entonces esas oraciones son de naturaleza intercesora. Otro aspecto de este tipo de oración es cuando se pide la reconciliación. A menudo, las oraciones por los seres queridos y amigos que no conocen a Dios también son intercesoras. Estas oraciones interceden por la reconciliación y a menudo suplican por la salvación de un ser amado o un amigo que se siente perdido.

Yo sabía muy poco al respecto.

En el ejercicio, uno de los miembros de nuestro equipo tomó uno de los dos asientos en el centro y nosotros nos sentamos en semicírculo alrededor de esas dos sillas. Estaríamos orando por ella mientras alguien la guiaba a través de algunas preguntas a las que ella respondería.

Los demás no participamos de ninguna manera, excepto a través de la oración. Ni siquiera teníamos que escuchar lo que se decía.

Decidí sentarme cerca de una puerta que estaba ligeramente entreabierta y había estirado la pierna para permitir que quedara la puerta abierta. A los pocos minutos, sentí como si mi pierna estuviera ardiendo en fuego literalmente. Era tan real que pensé que podía oler la carne quemada. ¡Me di cuenta de que era espiritual porque abrí los ojos y vi mi pierna para confirmar que no había llamas! Antes de este momento, nunca había vivido tal cosa y no sabía qué hacer. En ese momento sólo un pensamiento vino a mi mente, y aunque con el dolor que sentía, lo repetí una y otra vez: "No moveré mi pierna. No moveré mi pierna." El decir esas palabras significaron algo muy importante, y sabía que Dios me había colocado allí mismo por alguna razón. En mi mente, mi lucha era evitar que esa puerta se cerrara, que de alguna manera si me negaba a moverme sin importar cuán intenso fuera el dolor, podría mantener esa puerta abierta. Más tarde descubrí que, espiritualmente hablando, esa puerta abierta era el rezo de la mujer en el centro y que ella estaba en una encrucijada sobre si continuaría en nombre de Dios.

Más tarde ella nos compartió que en su pasado había sido herida terriblemente y había pensado que había perdonado a su agresor. Durante ese ejercicio se dio cuenta de que estaba entre la espada y la pared porque Dios le había estado pidiendo que orara por la salvación de su agresor y ella no quería hacerlo. Sabía que su ministerio quedaría comprometido por su amargura, ira y falta de perdón. Mientras Satanás le hacía recordar cada ofensa que había vivido y las razones que tenía para seguir sintiendo ira, mi pierna continuaba ardiendo. Todos (sin saberlo) oramos y todos nos mantuvimos firmes en su nombre cuando ella no pudo. Esta fue una batalla espiritual. Dios quería que oraramos por un hombre condenado porque Él quiere incluso que los peores de nosotros le entreguemos nuestro corazón. Lo que Dios da a uno, lo da a todos.

Mientras ella luchaba esta batalla en su mente y en su corazón, sentí el dolor ardiente y olí ese olor horrible. Aún así, sentí que algo llenó mi cuerpo. Era una mezcla de suavidad y resolución o fuerza. No sabía cómo llamarlo. Rogué, supliqué, adoré y lloré por dentro por ella, una muchacha que apenas conocía, y seguí de pie (o sentada) justo donde estaba, demasiado testaruda para mover la pierna.

En ese momento, pude ver en la habitación de al lado de donde estábamos que conducía a la puerta, una luz que atravesó las nubes invernales en la ventana. Su esplendor brillaba poco a poco hasta que llegó a mi pierna y en ese instante supe que podía dejar de orar. Sentí una abrumadora paz, calidez y amor. El dolor, que sentía el cual era una combinación de ardor junto con maldad, desapareció. En cambio, una luz brillante, suave pero intensa tomó su lugar. Más tarde mientras platicabamos, escuchamos su historia y ahí fue cuando supe que había vivido una batalla espiritual. Ahí fue en donde empecé a entender un poco más el papel que toma un intercesor.

Otro aspecto de estar en el espacio por otra persona se puede mostrar a través de los ejemplos de los soldados que se agachan en las brechas cuando intentan evitar los disparos para mantener su batalla en el terreno. Podemos refugiarnos en "la brecha" de la batalla de otra persona. Estamos protegidos hasta cierto punto, porque no es nuestra batalla espiritual, sino la de ellos. Esta es una brecha espiritual porque los que oran no están siendo atacados y están protegidos por la separación del enemigo. Aunque nunca he estado en una batalla militar, este ejemplo me ayuda a comprender un principio Biblico sobre estar en la brecha por los demás. No soy yo el que enfrenta la batalla espiritual, así que puedo estar en la brecha por otro y orar con total atención y enfoque. Mientras ellos enfrentan su batalla espiritual y ataques de la vida real, nosotros en la brecha no nos vemos afectados mientras oramos por su protección y provisión. Más tarde ella compartió algo que lleno nuestros corazones de felicidad. Ella nos dijo que antes de que se lo pidieramos ella ya oraba por su agresor. En mi opinión, esto fue algo extraordinario de su parte. Su corazón ahora estaba alineado con la voluntad de Dios. El brillo de su rostro mostraba cómo su corazón ya había salido de la batalla con Dios a su lado. Dios usa las partes más quebrantadas de uno para que logremos lo que jamás nos imaginamos que podemos hacer. A través de Él, hacemos lo que es "extra" ordinario y, en eso, reflejamos Su propio carácter. Al día siguiente, mientras hacíamos el mismo ejercicio, nos dividimos en grupos más pequeños. A mi me toco pararme detrás de la chica de Rusia por la que estábamos haciendo el ejercicio, y no debía involucrarme de ninguna manera mientras ella hacía su ejercicio. Al estar detrás de ella yo oraba con los ojos cerrados, en eso tuve una sensación de algo maligno atravesar mis huesos. Por indescribible que fuera, estaba aterrorizada, pero debido a la experiencia del día anterior, ahora sabía cómo llamarlo. Recé a pesar de mi terror. Sentí como si me diera la vuelta y la veía justo detrás de mí. Esto suena dramático, pero para cualquiera que vive este tipo de guerra espiritual, puede resultar bastante inmovilizador.

Mientras estaba sentada tranquilamente en su silla, en silencio, con lágrimas corriendo por su rostro, se estaba librando de una batalla feroz espiritual por su alma. No podemos ver todo lo que está pasando, pero Dios nos ama intensamente y lucha para que estemos con Él. Las batallas espirituales no son bonitas; Satanás es malvado y no quiere ser parte del plan de Dios para nosotros. Sin que lo supiéramos, en los momentos en que ella lloraba en silencio, mi amiga Rusa estaba tomando una decisión eterna. Mientras ella hacía esto y mientras yo oraba en silencio por ella, vi a lo que le llamo un destello en un mundo espiritual que ya no podía negar. Fue lo más aterrador que he vivido hasta la fecha. Sin embargo, mientras me mantenía firme en el área boscosa, seca y quemada, negándome a ceder a la oscuridad detrás de mí, vi una luz que se movía hacia mí. No hay palabras que puedan describirlo adecuadamente, pero sentí como si el amor, la paz, el consuelo y la seguridad se fundieran en una luz suave y luminosa. Se sentía inmensa y, aunque brillante, tenía un brillo suave. Avanzó, desacelerando y llenando el espacio frente a mí. Recuerdo que sentí en mi corazón que algo significativo había sucedido en la vida de mi amiga Rusa. Cuando la luz llenó el espacio delante de mí y la oscuridad desapareció detrás de mí, me sentí muy aliviada. Más tarde, después de hablar con ella, supimos que había decidido entregar su vida a Dios y, como resultado de esa experiencia, siento que estoy unida a ella para siempre.

En otro caso, vi a un espíritu maligno abandonar a una de las mujeres Rusas. El miedo paralizó su vida e incluso se le veía en su rostro. Literalmente pude ver que algo salió de su cuerpo mientras me agachaba detrás de ella. La cual sentíamos era la más perdida de nuestro equipo y esto nos llamaba a todos a orar por esta niña mientras estaba acostada en el suelo temblando. Estaba muerta de miedo, nunca había visto ni vivido este tipo de cosas. Nuevamente luché contra el impulso de correr; Incluso tuve el impulso de cubrírme la boca y la nariz en caso de que lo que estaba causando las convulsiones de esta chica saliera y entrara en mi cuerpo. No sé por qué en ese momento pensé que mi mano sería una buena defensa contra lo que vi. Mientras tanto, agachada detrás de mi amiga, escondiéndome tímidamente tras ella, aprendí valentía (como en cualquier batalla) en el campo con su ejemplo. Ella era valiente por quién es Dios y por lo que Jesús hizo por nosotros, y tenía confianza a través de su fe (no en sí misma) de que podría apoyar a esta niña a quien claramente le estaba sucediendo algo. Mientras razabamos y otros se reunían a nuestro alrededor, algo la abandonó. No puedo explicarlo. Parecía una especie de sombra gris y oscura, y verdaderamente me asustó. Lo que vino después fue realmente sorprendente. La muchacha se sentó y su rostro había cambiado; El miedo que pudimos ver claramente en su rostro antes había desaparecido. Si, Desaparecido. Incluso quise tomarle una foto porque no podía creer que pudiera ser tan obvio. Dijo, en sus propias palabras, que estaba libre del miedo que la había consumido durante toda su vida. Nunca olvidaré la libertad que brillaba en sus lindos ojos azules.

Estos son sólo algunos relatos de lo ocurrido durante ese viaje. Después de lo vivido en Rusia, mis oraciones cambiaron. No puedo orar como solía hacerlo y nunca lo haré. Otros podrían pensar que es una ficción porque no pueden tocarlo. Otros tal vez quieran algún tipo de explicación científica de esta experiencia. Físicamente no puedo mostrarte lo que sucedió ni llevarte a los lugares que vi. No puedo transmitir las emociones y pensamientos que viví, a otro corazón y mente. Como la mayoría de las cosas, alguien que lea estas palabras tendrá que decidir por sí mismo si lo que estoy escribiendo tendrá un impacto en su vida. Para mí, elijo creer que Dios me bendijo el poder ver por medio de una ventana la guerra espiritual de la que habla en Efesios 6, y es más real para mí que cualquier cosa que vea de este lado del cielo.

Un viaje de fe puede ser tan único como el individuo que lo recorre, pero algo constante es que, tarde o temprano, habrá que tomar una decisión: seguirlo o no seguirlo. Se necesita solo un momento para tomar esa decisión, pero es una decisión que inicia un viaje que dura no sólo por esta vida, sino también por la eternidad. Nuestras decisiones tienen repercusiones tanto físicas como espirituales. Tuve el privilegio de tener una pequeña visión de cómo nuestras oraciones tienen valor en el mundo espiritual en ese corto viaje que viví.

Se luchará por cada uno de nosotros, se nos buscará y se esperará. Creo esto con todo mi corazón. Él quiere a los dañados, a los no deseados y a los que no lo merecen junto con todas las demás almas que caminan, han caminado y alguna vez caminarán en esta tierra. Había una razón por la que en la cruz, con los criminales crucificados a su izquierda y a su derecha, Jesús dijo: "Padre, perdónalos, porque no saben lo que hacen" (Lucas 23:34). Incluso en su dolor y tristeza, su corazón se llenó de amor por las personas que no saben lo que están haciendo. No sólo estaba orando por esos criminales; estaba orando por todos nosotros. Fue una breve y sencilla conversación entre Jesús y su Padre a favor nuestro, en nombre de cada alma desde el principio de la creación hasta el final. Nuestras oraciones no necesitan ser complicadas o que suenen justas, pero deben ser sinceras y expresar claramente lo que hay en nuestros corazones. Ultimadamente, con suerte, nuestra vida de oración crecerá y nos cambiará.

CAPITULO 6

DIOS ES SOBRENATURAL— ¡NOSOTROS NO!

"El misterio crea asombro y el asombro
es la base que desea el hombre de comprender."
—NEIL ARMTRONG

"Cualquier tonto puede contar las semillas
de una manzana. Sólo Dios puede contar
todas las manzanas de una semilla."
—ROBERT H. SHULLER

Tener una conversación centrada acerca del tema de lo sobrenatural puede resultar arriesgado. Hay sectores de la sociedad que se sienten cómodos con esta palabra, pero la idea de una batalla sobrenatural probablemente no sea prioridad en una lista de temas de conversación al ir a tomar el café. Independientemente del hecho de que no enfocamos en nuestras vidas diarias en que Dios viene naturalmente de lo sobrenatural, Su presencia es una realidad siempre presente sin importar en qué condición se encuentre nuestra vida.

Cuando hablo de las cosas sobrenaturales de Dios, estoy hablando de cosas que no son de este mundo. Me refiero al fenómeno de que Dios crea cosas que no pueden explicarse mediante leyes naturales. Aclaro, no se trata de magia, brujería u ocultismo. No me refiero a personas que intentan controlar las acciones de otros de cualquier manera o forma. Dios no se ajusta a nuestra forma de pensar y no se comporta según lo que consideramos comportamiento humano normal (Isaías 55:9). Aunque creó en las leyes físicas de la naturaleza, dudo que esté sujeto a ellas. Él es eterno. Sus recursos son ilimitados (Jeremías 32:17).

En la Biblia, algunos de mis versículos favoritos sobre el poder de Dios se encuentran en los capítulos 38 y 39 de Job. Cuando me siento moralista y necesito saber que hay cosas más importantes en el trabajo, o cuando me siento indigno y necesito saber a quién pertenezco, al leer cualquier parte de esto, verifico inmediatamente la realidad. Aquí está un resumen de la Escritura en la que Dios se describe a sí mismo:

> "*Entonces el Señor habló a Job desde la tormenta:*
>
> *Le dijo: "¿Quién es éste que oscurece mis planes con palabras sin conocimiento? Prepárate con valentía, hombre; Te preguntaré y tú me responderás.*
>
> *¿Dónde estabas cuando puse los cimientos de la tierra?*
>
> *Dime si lo entiendes. ¿Quién marcó sus dimensiones? seguro que lo sabes! ¿Quién tendió un cordel de medir a*

través de él? ¿Sobre qué estaban asentadas sus bases, o quién puso su piedra angular, mientras las estrellas de la mañana cantaban juntas y todos los ángeles gritaban de alegría?

Quien cerró las puertas el mar cuando salió del vientre, cuando hice de las nubes su vestido y lo envolví en espesas tinieblas, cuando le puse límites y puse sus puertas y cerrojos en su lugar, cuando dije, hasta aquí puedes venir y no más lejos; Aquí se detienen tus orgullosas olas.

¿Alguna vez has dado órdenes a la mañana, o le has mostrado a la aurora su lugar, para que tome la tierra por los bordes y sacuda de ella a los malvados?

La tierra toma forma como arcilla bajo un sello; sus rasgos resaltan como los de una prenda.

¿Has viajado a los manantiales del mar o caminado en los recovecos de las profundidades? ¿Se te han mostrado las puertas de la muerte?

¿Has visto las puertas de la oscuridad más profunda? ¿Has comprendido las vastas extensiones de la Tierra?

¿Cuál es el camino a la morada de la luz? ¿Y dónde reside la oscuridad? ¿Puedes llevarlos a sus lugares? ¿Conoces los caminos a sus viviendas?

¿Has entrado en los depósitos de la nieve o has visto los depósitos del granizo, que reservo para tiempos de agitación, para días de guerra y batalla?

¿Podrás atar las cadenas de las Pléyades? ¿Puedes aflojar el cinturón de Orión? ¿Podrás hacer aparecer las

*constelaciones en sus estaciones o sacar a la Osa con sus
cachorros?*

*¿Conoces las leyes de los cielos? ¿Y estableciste el
dominio de Dios sobre la tierra? ¿Podrás alzar tu voz
hasta las nubes y cubrirte con un torrente de agua?*

*¿Envías los relámpagos en su camino? ¿Te informan?
'¿Aquí estamos'?"*

Todos estos versículos ilustran la capacidad de un ser sobrenatural. Si bien no puedo explicar completamente a Dios y su capacidad sobrenatural, creo que sus propias palabras le hacen justicia.

Existimos en el mundo natural e interactuamos con sus criaturas, Dios lo creó todo con Su palabra y aliento. Él puso todo en su lugar y estableció sus límites y conoce el funcionamiento interno de cada pieza de Su creación y todo lo que hay en ella. Decir que no creeremos en Él hasta que lo entendamos completamente es inútil. Nunca lo entenderemos completamente. Ninguna persona que alguna vez haya caminado o caminará por esta tierra comprenderá completamente todo lo que Dios es. Si te haces preguntas sin las respuesta, investiga y no te detengas hasta que las obtengas. El orar con persistencia debería ser parte de eso.

Mientras estamos en este mundo "natural" tenemos una manera de estar con Dios. El orar es una conversación natural que se vuelve sobrenatural. Él siempre nos está llamando y siempre nos está hablando. El plan divino de Dios para salvarnos fue implementado para que pudiéramos estar con Él y tener una relación con Él (Juan 10:27-28, Sofonías 3:17). Por lo tanto, la oración se extiende desde el ámbito natural al espiritual. Es más que lo que podemos ver, pensar, oír y sentir.

No es sólo una manera de construir una relación con Dios; es una forma de construir un cambio sobrenatural que impacte nuestro mundo natural.

Por esta razón, no podemos asumir que la oración sea exactamente como las conversaciones que tenemos entre nosotros. No es lo mismo. Tenemos un intérprete llamado Espíritu Santo, y él está traduciendo las palabras que salen de nuestra boca cuando oramos. La oración con la ayuda del Espíritu Santo nos envuelve en ese mundo sobrenatural.

Tenemos formas sutiles de comunicarnos entre nosotros que no necesitan palabras; nuestra postura corporal, expresiones faciales, palabras escritas, etc. Dios puede hacer lo mismo, pero Su plataforma es mucho más grandiosa que la nuestra. Tiene todo el universo con el que trabaja. Puede llegar a la vida de una persona para comunicarse con otra. Puede usar todo tipo de vínculos para comunicarse con quien quiera. Su comunicación es más que unidimensional. Trasciende el tiempo, el pensamiento, las emociones, la visión, las palabras y cualquier otra cosa que Él elija trascender. Es poco probable que Dios esté sujeto a Su ley natural de la física. Sus recursos son ilimitados porque Él crea Sus propios recursos. Si Él puede crear los Cielos y la Tierra de la nada, ¿qué más puede crear para hablar con alguien que le importa? Puede elegir una puesta de sol, un café con un amigo, el abrazo inocente de un niño, una canción o incluso la sonrisa de un extraño para comunicarse con nosotros. Sus métodos son ilimitados.

Dios nos diseñó con necesidades profundas; huecos en nuestros corazones. Lo hizo intencionalmente ya que son algo que sólo Él puede llenar por completo. William Craig da un buen consejo en su libro "Hard Question, Real Answers"/"Preguntas Difíciles,Respuestas Reales" cuando escribe: "Cuando surjan dudas, no intentes ocultarlas ni fingir que no existen. Llévalas a Dios en oración y pide que te ayude a resolverlas."[1] Muchos de nosotros pasamos toda nuestra vida buscando formas de satisfacer esas necesidades. Las conversaciones que tenemos, las películas que vemos, la música que escuchamos y los libros que leemos reflejan temas comunes que hablan de estas necesidades. Las necesidades son a menudo universales: amor, relaciones, paz, guerra, el bien contra el mal, sufrimiento, superación de obstáculos, mayoría de edad, el círculo de la vida, heroísmo, juicio, supervivencia y engaño.

No es necesario creer en Dios para saber que estas cosas existen. Nuestro Creador dejó este anhelo en nuestro ADN espiritual y en nuestras almas, y es algo que nos une a todos, sin importar cuán diferentes seamos. Estos temas son asuntos del corazón, y ahí es donde Dios hace Sus depósitos, y en donde nos sostiene. El se muestra a nosotros cada día mientras buscamos las respuestas. El mundo lo ve diariamente y todavía no es reconocido (Juan 14:17). Si quiero verlo, necesito buscarlo intencionalmente. Necesito darle crédito y gracias a Dios por las cosas que hace todos los días en mi vida y así se que mis oraciones son respondidas.

Mi marido viaja mucho. Cada vez que se va, rezo para que regrese sano y salvo, en todo momento. Sin embargo, durante años, nunca le di gracias a Dios porque mi esposo había llegado sano y salvo a casa. Un día me di cuenta de que no tenía idea de lo que Dios había hecho para que mi esposo regresara sano y salvo a casa. ¿Desviaria un avión para que no se estrellara? ¿Evitaría que un terrorista se estrellara en un aeropuerto lleno de gente? ¿Evitaría un accidente automovilístico para que mi esposo pudiera viajar con seguridad? No tengo idea, pero eso no significa que Dios no haya trabajado para responder mis oraciones.

Dios no se sienta en una habitación diciendo: "Veme." Esto es lo que he hecho por ti. Tú lo preguntaste y mira lo que tuve que hacer para lograrlo." Claro que podría, porque El puede hacer cualquier cosa, pero en este caso no lo hizo.

En esta ocasión mi esposo llegó sano y salvo a casa y yo agradecí profundamente a Dios. Desde entonces busco oportunidades para agradecer a Dios por responder mis oraciones. Sólo porque no veo cómo se ejecutó algo, no significa que Dios no estuvo activo en responder mi oración. ¿Cuántas veces he orado por algo y lo he recibido sin ni siquiera darle las gracias a Dios por dármelo?

Cuando le comencé a agradecer más a Dios por las cosas buenas de mi vida, empecé a ver algunas de las evidencias que había estado pasando por desapercibido. Es imposible saber todo lo que Dios hace en nuestro nombre, así que elijo darle crédito a Dios por todas las cosas buenas en mi vida, incluso aquellas que no pido. Además, aprendí que a menudo se toma tiempo para que Dios produzca cambios en mi corazón o en el corazón de otras personas, ya que las respuestas no siempre llegan inmediatamente.

Hago una recolección de mi vida y no puedo evitar darme cuenta de que la perspectiva de Dios es muy diferente a la nuestra. No puedo pretender saber por qué Dios permite que nuestros corazones e incluso nuestras vidas se rompan, pero estoy convencida por mis propias experiencias de que Él ayudará a reconstruir las piezas.

Dios nos hizo para estar conectados con Él. Si, claro, no somos sobrenaturales, todos vivimos en la parte física de un mundo espiritual. Por lo tanto, en el sentido más amplio, Dios nos toca a todos. La búsqueda del significado de la vida, el deseo de estar conectados con algo más grande que nosotros mismos, amar y ser amados a cambio, y todos los demás asuntos del corazón pueden considerarse como un llamado espiritual de nuestro Creador. La búsqueda de estas cosas intangibles comunes es donde la oración puede proporcionar la dirección que nos lleve hacia la conexión que debemos tener con Dios.

CAPITULO 7

GUERRA ESPIRITUAL

"La oscuridad no puede expulsar a la oscuridad; sólo
la luz puede hacerlo. El odio no puede expulsar al odio;
sólo el amor puede hacerlo."
—Dr. Martin Luther King, Jr.

"Tendrás que servir a alguien; bueno,
puede que sea el diablo, o puede que sea el Señor,
pero tendrás que servir a alguien . . . "
—Bob Dylan

Aunque tenemos batallas todos los días, tan claras como el día, también hay batallas sobrenaturales que todos enfrentamos. Películas como *Star Wars*, *Harry Potter* y *El Hobbit* son sólo algunos ejemplos de cómo nuestra sociedad convencional lidia con los poderes sobrenaturales. En estas películas, los protagonistas suelen representar el bien y el mal.

Estos temas atraen e influyen a nuestras mentes y nuestros corazones. Esto es muy comun porque, lo admitamos o no, nos sentimos atraídos por un ser sobrenatural que nos ama incondicional y apasionadamente y que nos ha diseñado para que lo necesitemos. Él sabe que lucharemos, sufriremos y caeremos, sin importar cuán buenas queramos que sean nuestras vidas. La prueba de que Él conoce el interior y el funcionamiento de nuestros corazones, nuestras vidas y habilidades es por medio del plan que estableció a través de Jesús para que, aunque caigamos o tropecemos, todavía podamos estar con Él por toda una eternidad.

En el Antiguo Testamento, se necesitaba un sacrificio para enmendar el pecado.[1] Esto es similar a necesitar el pago de una deuda y ese pago debe ser exacto de acuerdo con las condiciones del contrato. Solo lo correcto es aceptable. En algún momento, debido a nuestra naturaleza imperfecta, nos endeudamos. A veces es intencional y otras no; De todos modos, nuestras acciones tienen consecuencias.

Por el momento, Satanás lidera la rebelión contra Dios. Todos deben elegir un equipo y nadie quedará fuera. La apatía, la falta de voluntad para tomar esa decisión, o estar demasiado distraídos o demasiado ocupados para pensar en que elegir no nos liberan. Al final de nuestros días, estaremos con Dios o no. A todos se les dará la oportunidad de reconocer a Dios, y aunque eso no requiera leer la Biblia (Romanos 1:20), nuestro pecado sí requiere pago. Así como la luz y la oscuridad están separadas y el amor y el odio están separados, Dios y nuestro pecado están separados. Nuestro pecado, que es un acto, pensamiento o forma de comportarse que viola la naturaleza de Dios,[2] no invitará la presencia de Dios. El pecado nos separará de Él, y es por eso que Dios proporcionó el pago necesario para reconciliarnos con nosotros o traernos a Su presencia.

El "sacrificio" de Jesús se llama así porque eligió entregarse a sí mismo a cambio de liberarnos del pecado. Él es el único pago apropiado por una deuda que no podemos borrar. Nuestras acciones, pensamientos y formas de comportarnos no se pueden borrar. Cuando termine nuestro tiempo en este mundo, seremos juzgados y habrá cosas por las que tendremos que rendir cuentas. Todos hemos pecado y continuaremos pecando por mucho que amemos a Dios. Jesús no pecó y es por eso que puede ocupar nuestro lugar para cerrar el espacio de separación con Dios. En ese momento, cuando se nos acabe el tiempo, ¿ya habremos pagado nuestra deuda que nos permitirá pasar por esas puertas aperladas y entrar en la presencia de Dios? La única manera de que eso suceda es reconocer el plan de Dios por medio de Jesús y aceptarlo como nuestra moneda (Juan 14:6).

Satanás es el capitán del Equipo del Mal porque representa todo lo que se opone al carácter de Dios. Satanás se apoya en nuestras vidas por nuestro pecado, y nuestra ignorancia es un alimento básico en la dieta de Satanás. En una era de reality shows/programas realistas, conocimiento científico, avances tecnológicos y dependencia del pensamiento racional, muchas creencias espirituales se minimizan o se consideran sin importancia. Satanás usará esto a su favor al reclutar gente para su rebelión.

En una serie de cartas escritas entre el diablo (Screwtape) y su sobrino (Wormwood), C.S. Lewis proporciona una plataforma para presentar cuestiones teológicas serias, una de ellas es cómo distraer a la gente de Dios. En estas cartas, Screwtape y Wormwood traman y discuten formas de mantenernos ocupados y distraídos de cualquier forma posible para que seamos ignorantes y no nos involucremos en ninguna batalla espiritual. Aunque la narrativa de C.S. Lewis puede ser una sátira, una mirada aparentemente alegre a las trivialidades, es una excelente muestra de la verdad. Satanás usará lo que nos distraiga, ya sea nuestra ignorancia, orgullo, apatía, ceguera, confianza equivocada o cualquier otra cosa que pueda para impedirnos pasar la eternidad con Dios. Satanás sólo necesita que pasemos toda nuestra vida sin ver a Dios, adquiriendo deudas en la economía de Dios y luego no aceptando el pago que se nos ha proporcionado. El ser apático e involuntario, nos lleva directamente hacia él y, conscientemente o no, hemos firmado el contrato del Equipo Satanás.

Dios quiere que elijamos sabiendo intencionalmente exactamente lo que estamos eligiendo. Satanás, por otro lado, se disfraza de algo que no es, como lo hacen todos sus compañeros (2 Corintios 11:14-15), y nos tomará ya sea que lo elijamos intencionalmente, por defecto, por engaño o por cualquier otra cosa y por otros medios necesarios. Esta sería una muestra del currículum de Satanás:

- Él es el enemigo (1 Pedro 5:8)
- El maligno (Mateo 6:13)
- Padre de mentiras y el asesino (Juan 8:44)
- El acusador del pueblo de Dios (Apocalipsis 12:10)
- El tentador (1 Tesalonicenses 3:5)
- Orgullosos, malvados, violentos y rebeldes (Isaías 14:12-15)
- Un engañador (Hechos 13:10)
- Un intrigante (Efesios 6:11)
- Un ladrón (Lucas 8:12)

Creamoslo o no, hay una batalla formándose detrás del escenario. No es de este mundo; es espiritual. A Satanás le encantaría que todos ignoraran o se burlaran de la idea. Negarse a creer en el plan de Dios no lo hace menos real. Las batallas espirituales a menudo se pelean en nuestra mente y corazón porque de ahí fluyen nuestras acciones (Proverbios 4:23).

Lo más importante es que hay una batalla espiritual por nuestras almas. Nosotros somos un gran motivo que es parte de estas batallas entre Dios y Satanás. La batalla por nuestras almas es una historia de amor para los libros de historia. Abarca todos nuestros temas favoritos, pero, irónicamente, no podemos verlo claramente solo con nuestros ojos. Esta batalla se propaga a través del tiempo y nos impacta por toda una eternidad. Es una batalla que decidirá si podemos regresar a casa o no, el cual es el único lugar donde podemos ser amados completa y perfectamente, cuando ya no se permitan más opciones, y se nos haya acabado el tiempo.

Permitimos que Satanás nos influya. ¿Cuántas veces has oído a alguien decir: "El diablo me obligó a hacerlo?" cuando se bromea acerca de haber hecho algo malo. Nuestra cultura relega la influencia demoníaca a algo infantil, pintando a los demonios como niños descarriados que muerden los tobillos de aquellos a quienes atacan. Nadie es ajeno al carácter de Satanás y lo que representa. Él usa nuestra separación y aislamiento, nuestros propios pensamientos de autodesprecio, nuestras ansiedades, nuestras ocupaciones, nuestra codicia o cualquier cosa en la que nos enfoquemos que no se alinee con quién es Dios.

Satanás es el padre de la mentira, el padre del engaño, y utilizará nuestra propia naturaleza para mantenernos ciegos y desconectados del amor y la verdad. Él también se preocupa por nuestros corazones, porque sabe que donde está nuestro corazón, también está nuestro tesoro (Mateo 6:21). Él cree en Dios y sabe exactamente a quién ama. A Satanás le encantaría impedir que la mayoria de nosotros tengamos una relación con nuestro Creador. Él sabe que si puede distraernos y hacernos apáticos hacia nuestro verdadero propósito en la vida, que es adorar y alabar al Dios vivo y verdadero, él gana.

Satanás también sabe que si elegimos rechazar el plan de Dios, habrá un momento en que Dios nos permitirá existir sin Él. Hay un lugar donde Dios no va. Hay un lugar donde aquellos que no lo quieren en sus vidas obtienen lo que quieren. Ellos tampoco disfrutan de ninguno de los beneficios de Su naturaleza, Su bondad, verdad y luz, pero sobre todo de Su amor. Hay un lugar donde Satanás derrama toda su maldad y la de los seres queridos de Dios por la eternidad sin la protección e influencia de Dios (Salmo 9:17, 2 Tesalonicenses 1:9, Mateo 25:41).

Personalmente no es donde elijo estar. Quiero que mi destino eterno sea un lugar donde esté rodeada de amor, verdad y bondad, no sólo para mí sino para todos. Dios nos ama a todos y quiere que todos vivamos con Él eternamente. Él elige no hacer cosas, no intervenir o no dar un porque Su perspectiva es eterna. Su plan financiero no nos lleva a la jubilación, sino a la eternidad. Le preocupa dónde estaremos todos eternamente. Dios está activo a nuestro favor. A Satanás se le permite vagar por la tierra porque si no hubiera una opción no tendríamos de donde elegir.[5] Lo que sí sé es que Satanás trabaja duro para engañarnos y ha trabajado durante generaciones para hacer hasta lo imposible para cegarnos a la verdad. Lo ha estado haciendo desde que habló con Adán y Eva en el Jardín del Edén.

En la película *"Matrix,"* la gente dormía mientras soñaba con vidas creadas en sus mentes para distraerlos de lo que realmente les estaba sucediendo. ¿Estamos viviendo nuestras vidas sin pensar, día a día, sin un propósito eterno? ¿Estamos viviendo vidas sin estar satifgechos? La trama de *The Matrix* muestra que el sufrimiento es un elemento necesario de nuestra humanidad y esto suele ser cierto en la vida real. El sufrimiento revela lo mejor y lo peor de todos.

Mientras estuvo bajo el dominio del Imperio Romano, Éfeso fue una ciudad con un puerto muy próspero. Durante ese tiempo, algunos sugieren que era "superada solo por Roma como ciudad cosmopolita de cultura y comercio."[6]

Pablo escribió a los Efesios mientras probablemente estaba encarcelado en Roma.[7] Como ciudadano romano (Hechos 22:28), Pablo habría estado familiarizado con los guerreros romanos, sus legiones, armaduras y poder. Aunque no se indica explícitamente en la Biblia que Pablo se esté refiriendo realmente a un soldado romano cuando escribe sobre la armadura espiritual, podría ser que Pablo use una comparación con los soldados romanos para compartir una verdad espiritual. Ha proporcionado una imagen visual tangible a los Efesios a los que les estaba escribiendo para ayudarlos a comprender y recordar una verdad espiritual e invisible.

La Armadura de Dios: Efesios 6:10-18

"Por lo demás, hermanos míos, fortaleceos en el Señor, y en el poder de su fuerza. Vestíos de toda la armadura de Dios, para que podáis estar firmes contra las asechanzas del diablo. Porque no tenemos lucha contra sangre y carne, sino contra principados, contra potestades, contra

los gobernadores de las tinieblas de este siglo, contra huestes espirituales de maldad en las regiones celestes. Por tanto, tomad toda la armadura de Dios, para que podáis resistir en el día malo, y habiendo acabado todo, estar firmes. Estad, pues, firmes, ceñidos vuestros lomos con la verdad, y vestidos con la coraza de justicia, y calzados los pies con el apresto del evangelio de la paz. Sobre todo, tomad el escudo de la fe, con que podáis apagar todos los dardos de fuego del maligno. Y tomad el yelmo de la salvación, y la espada del Espíritu, que es la palabra de Dios; orando en todo tiempo con toda oración y súplica en el Espíritu, y velando en ello con toda perseverancia y súplica por todos los santos"

Este versículo implica que la lucha no está en nuestras diferencias y creencias culturales ni en nuestras opiniones políticas y personales. Nuestra batalla no es entre nosotros; sino es con lo que nos separa de Dios.

Cuando estuve en Rusia, las muchachas que visitamos escribían versículos de la Biblia en fichas y usaban cinta adhesiva transparente para hacerlas que duraran más. Usaban estas tarjetas para memorizar las Escrituras. Recuerdo que me conmovió lo mucho que valoraban la palabra de Dios. También recuerdo cómo mucha gente me decía que si quería escuchar a Dios tenía que leer y memorizar las Escrituras, pero realmente no entendía lo valioso que sería eso.

Por alguna razón, estas fichas, cubiertas con cinta adhesiva con palabras escritas a mano, me impactaron profundamente. Comencé a hacer pequeñas tarjetas laminadas con versos de la Biblia para ayudar a recordarlos. Como tengo notoriamente mala memoria, también utilizo acrónimos para ayudar a memorizar las Escrituras. Mi llavero personal de versos es extenso por la cantidad de versos que cubren todas mis inseguridades. Al conocer la palabra de Dios puedo pelear mis batallas espirituales porque contrarresta las herramientas más útiles de Satanás: las mentiras y el engaño. Las palabras de Dios también me ayudan a mantenerme enfocada en el verdadero problema, ya que a Satanás también le encanta distraer e inmovilizar.

Cuando era mucho más joven, me sentía muy infeliz con mi vida en total y, al sentirme atrapada, queria terminara. Cuando sentí que había perdido la capacidad de lograr esos sueños que tenía cuando era adolescente, me desesperé y empecé a actuar con un comportamiento autodestructivo. Me puse en muchas situaciones peligrosas y actué imprudentemente sin considerar mi bienestar o el bienestar de los demás.

En este momento de mi vida, comencé a salir con un chico mayor que yo que me agredió mientras estaba incoherente y ebria. Nunca di mi consentimiento verbal, por lo que lo considero una violación. El ponerme en una situación que fue perjudicial es algo de lo que me arrepiento hasta hoy en día. Sin embargo, en ese momento, debido a mi quebrantamiento y su amenaza de exponerme, seguí en esa relación disfuncional. Esto se había convertido en una relación muy deformada en la que por momentos me sentía amada y en otros, me sentía inmensamente avergonzada de lo que me había convertido.

Pensé que permanecería virgen hasta casarme, pero cuando llegué a la adolescencia, las cosas cambiaron. Me quitaron algo significante sin mi consentimiento. En parte, por eso es muy importante para mí el tener opciones. Es por eso qué ser fortalecido y no derribado significa tanto para mí. Por eso trato de mantener cerca de mí a las personas que decidieron ayudarme.

Fue entonces cuando quise memorizar este versículo en particular sobre la guerra espiritual, cuando me di cuenta de que Satanás siempre quiere *"violar"* y saquear. Quiere quitarnos nuestra seguridad y esperanza. Estas son palabras e ideas fuertes, pero en el contexto de una batalla espiritual por nuestras almas eternas, me parecen apropiadas y me ayudaron a recordar lo que Pablo estaba tratando de enseñar en Efesios 6:10-18. En el versículo doce, dice esto:

> *"Porque no tenemos lucha contra sangre y carne, sino contra principados, contra potestades, contra los gobernadores de las tinieblas de este siglo, contra huestes espirituales de maldad en las regiones celestes."*

Así es como lo recuerdo:

> *Nuestra lucha no es contra la carne y la sangre sino contra la VIOLACION*

R:rulers/gobernantes, A:/authorities/autoridades, P:powers/ poderes de este mundo oscuro, E:spiritual forces of evil in the heavenly realms/fuerzas espirituales del mal en los reinos celestiales.

En mi viaje personal, quiero oponerme a la VIOLACIÓN y proteger a otros para que no les pase lo mismo. Esta es una cuestión de vida o muerte para mí, y ya sea que esté al tanto de una batalla específica, o un ser querido esté o nadie más lo esté, oro para que Dios nos proteja a todos de ser atacados por un enemigo que tenga la intención de robarnos algo cuando no nos damos cuenta. Puede que no seamos conscientes de las batallas espirituales que nos rodean, pero no es necesario que lo estemos. La oración nos protege. La palabra de Dios nos protege.

Durante mis experiencias en Rusia, este versículo me dio algo en qué concentrarme mientras oraba por lo que me estaba sucediendo. Aunque estoy seguro de que se utilizan otros conceptos para ayudar a explicar la visión que Pablo les da a los efesios, voy a compartir uno con el que estoy muy familiarizada, ya que me lo enseñaron hace muchos años. Lo encontré muy valioso para ayudarme a recordar las diferentes piezas de armadura y su significado. Comprender el significado y el contexto cultural ayuda a darle sentido a la Biblia, pero no es necesario para comprender las cosas que Dios quiere que sepas. En oración, podemos pedirle a Dios, a través del Espíritu Santo, que nos dé entendimiento (2 Corintios 2:11).

Por ahora, les comparto lo que aprendí que fue algo que me ayudó a recordar el versículo.

"Estad firmes, ceñidos vuestros lomos con el cinturón de la verdad, y con la coraza de justicia puesta" (Efesios 5:14).

Muchos de los que hubieran leído la carta de Paulo habrían estado muy familiarizados de cómo se vestían los soldados romanos para una batalla.[8] Su cinturón es lo que sostiene y asegura todas las armas y equipos que necesitan cerca en todo momento. La verdad es todo lo que Dios es y representa. Satanás no lo es. No podemos mentir, engañar o falsificar y esperar que Dios responda las oraciones que respalden esta actitud. Todo lo que Dios hace y nos pide que hagamos se basa en la verdad. Es el fundamento sobre el que se construye la fe.

La segunda parte de este versículo es "la coraza de justicia." Como soldado, se deben proteger los órganos vitales.[9] El corazón es un órgano del que hemos hablado, así que aunque los soldados romanos usaban corazas reales para proteger sus corazones físicos, Pablo podría haber usado esta metáfora para decirnos que en la batalla espiritual, nuestros corazones son vitales y deben ser protegidos.

Nuestras acciones y palabras son un reflejo de lo que hay en nuestro corazón. Vivir con la creencia de que el bien prevalecerá y vivir de la manera que Dios nos pide que vivamos es esencial. Satanás no puede demolernos con sus ataques si nos protegemos con la Palabra de Dios. No creo que nadie se haya arrepentido de haber vivido una vida virtuosa, recta, justa, intachable y honorable. Cuando vivimos de la manera más recta, el mundo puede ver a Dios en nuestras vidas. Las batallas se ganan en nobre de Dios cuando superamos nuestras propias actitudes y adoptamos algo espiritual. Nos pide que no nos vistamos de satín ni de seda, ni de oro ni de diamantes; aunque impresionantes, estas cosas no reflejan el carácter de Dios. No nos ayudan a permanecer firmes en Su batalla.

En una carta escrita a los Gálatas, Pablo habla acerca de vivir en el espíritu y cómo es. Gálatas 5:22-23 nos dice:

> *"Pero el fruto del Espíritu es amor, gozo, paz, paciencia, bondad, fidelidad, dulzura y dominio propio. No hay ley contra tales cosas."*

Nunca podemos equivocarnos cuando estas cualidades se reflejan en nuestras vidas. Para mí, esto requiere oración. No puedo vivir de esta manera sin la influencia y la fuerza de Dios. Aunque estoy aprendiendo, creciendo e imitando mi vida según el carácter de Dios, mi egoísmo me hace tropezar. Cuando le pido estas cosas al Espíritu Santo es cuando lo veo en acción en mi vida. Puede que no sea inmediato, pero estas son cosas que Dios siempre querrá dar, en cualquier situación, pase lo que pase. Tengo confianza cuando pido que mis oraciones darán fruto. Estas cualidades también nos protegen de los ataques de Satanás a nuestros corazones.

El miedo, la amargura, la ira, la falta de perdón, el orgullo o cualquier cosa que se oponga a la naturaleza de Dios, dejarán poco espacio para el amor, la alegría, la paz y el paquete de higos. Sí, mi acrónimo para Gálatas 5:22-23 es Amor, Alegría, Paz y P-paciencia (tolerancia), K-kindness/dulzura, G-goodness/bondad, F-faithfulness/fidelidad, G-gentleness/gentileza y S-self-control/control personal. Quiero vivir este Amor, Alegría, Paz y un (PKG of FiGS.) paquete de Higos. Se nos da más libertad para impactar a los demás cuando pedimos estas cosas.[10] Él nos ama a todos; incluso en formas que no podemos comprender (Salmo 107:8-9, Salmo 36:5-6).

Una continuación de la armadura de Paulo se puede encontrar en Efesios 6:15:

"y con los pies equipados con la disposición que proviene del evangelio de la paz."

Un soldado debe proteger sus pies. Así es como se mueve y navega en la batalla. Sus pies proporcionan equilibrio y buena base.[11] Sin sus pies listos para movilizarse, en cualquier dirección, será ineficaz sin importar cuántas armas lleve un soldado atado al cinturón.

Espiritualmente, esto es lo que la Palabra de Dios también hace por nosotros. Se puede decir mucho sobre esta breve declaración, pero esencialmente Su palabra es el cimiento fundamental sobre el que debe construirse todo nuestro movimiento físico. También es el cimiento sobre el que deben construirse nuestras oraciones si queremos impactar a otros espiritualmente. Si se nos pide que nos pongamos de pie, ¿acaso no necesitaríamos algo sobre que apoyarnos? Satanás usa engaños y astucia para tratar de llevarnos a lugares donde no deberíamos estar. Si cada uno de nuestros pasos se basan en la verdad de Dios, no podemos perdernos y nuestra base será sólida. Jesús modeló esto en Mateo 4:1-4 cuando, al ser tentado, respondió a cada una de las medias verdades del diablo con la Palabra de Dios.

Paulo continúa diciendo en Efesios 6:16:

"Que su confianza en Dios los proteja como un escudo, y apague las flechas encendidas que arroja el diablo."

Además del cinturón de la verdad y la coraza de justicia, necesitamos un escudo de fe. Los soldados romanos habrían necesitado sus escudos para protegerse de ataques mortales que venían rápidamente desde cualquier dirección. Fueron entrenados para moverlo rápida y eficientemente sin mucho razonamiento ni pensamiento. Mover sus escudos habría sido reactivo, protegiéndolos del peligro proveniente de cualquier dirección. También se movían como grupo y juntaban sus escudos para formar un muro de protección. Cuando las flechas venían desde arriba, podían amontonarse y ponerse en una forma de tortuga con escudos arriba y alrededor de los lados, trabajando juntos para formar una barrera fuerte.[12]

Asimismo, la fe une. Nos permite trabajar en comunidad con Dios y con los demás. Cuando buscamos a Dios y buscamos amar a los demás, los corazones cambian, las acciones cambian y las vidas cambian.

En una carta a los Hebreos, Pablo escribe sobre esta fe en acción:

"Ahora bien, la fe es confianza en lo que esperamos y seguridad en lo que no vemos" (Hebreos 11:1)

Los soldados romanos debían tener confianza en que su escudo los protegería y debían tener la seguridad de que funcionaría contra cualquier ataque. Se mueve porque una batalla no viene siempre de la misma dirección y de la misma manera. De lo contrario, podrían quedarse detrás de una barrera inamovible como una pared. Es posible que Pablo haya usado este ejemplo porque se nos pide que nos movamos en este mundo. Ya sea que lo hagamos intencionalmente o no, a menos que seamos ermitaños, impactamos a los demás.

Todos tenemos un lugar donde impactamos: los padres afectan a los niños, los maestros afectan a los estudiantes y los compañeros de trabajo afectan los unos a los otros. Con solo realizar nuestras actividades diarias, las vidas cambian y se ven influenciadas por las relaciones que tenemos y la forma en que tenemos conexión mutua. Nuestro escudo espiritual de fe se puede mover para ayudar a proteger a otros que no pueden levantar el suyo o uno al lado del otro para ampliar nuestro rango de protección. Esto se hace a través de la oración, confiando en nuestra confianza en lo que esperamos y en nuestra fe en algo invisible. Cuando nos aferramos a la palabra de Dios, las oraciones son contestadas, las flechas mandadas por satanás caen al suelo y no somos consumidos ni derribados por el mal o la maldad de los demás.

El mover un escudo requiere una mente observadora, abierta y flexible. Yo intento intencionalmente ser observadora de lo que Dios está haciendo en mi vida. Esto significa concentrarme en Él, y trato de mantener mi mente abierta y flexible mientras busco comprender todo lo que Dios es, cómo está obrando en mi vida y en la vida de los demás, y cómo necesito responder. Sus caminos no son los nuestros (Isaías 55:8-9), y el entender esto requiere la oración con fe.

Pablo continúa con su siguiente instrucción en Efesios 6:17-18:

> *"Que la salvación los proteja como un casco, y que los defienda la palabra de Dios, que es la espada del Espíritu Santo. No se olviden de orar. Y siempre que oren a Dios, dejen que los dirija el Espíritu Santo. Manténganse en estado de alerta, y no se den por vencidos. En sus oraciones, pidan siempre por todos los que forman parte del pueblo de Dios."*

Por razones obvias, el casco protege el órgano más vital del guerrero: su mente. Podemos imaginarnos a los guerreros en un campo de batalla, con el casco en su lugar, dejando suficiente espacio para que sus ojos vean y su boca respire y hable.[13] Esta es una imagen de un casco usado en una batalla física, pero muchas batallas espirituales se desarrollan en nuestras mentes. Si el mal puede vencer nuestros pensamientos, si nos invaden pensamientos ardientes de amargura, envidia, avaricia, celos, malicia y malas intenciones, podemos sentirnos como si estuviéramos siendo atacados. En muchos casos, entonces nos sentimos justificados y "listos para atacar." Nuestras acciones fluyen desde nuestro corazón a nuestra mente y controlan nuestros cuerpos. Dado que nuestros pensamientos controlan nuestras acciones, tiene sentido que la salvación esté ahí. Por eso la salvación no tiene sus raíces en la emoción.[14] Para cada individuo, su salvación depende de su mente; sobre una elección que deberán tomar antes de morir.

El casco de la salvación va acompañado de la única arma ofensiva en nuestra armadura espiritual, la espada del espíritu, que es la palabra de Dios.

Nuestra salvación se basa en la palabra de Dios, por lo que esta asociación tendría sentido en la referencia de Pablo. Se piensa que el uso que hace Pablo de la palabra Espada se refiere a la espada de dos filos que el soldado habría usado.[15] Muchas personas se sienten justificadas al usar la Palabra de Dios para atacar verbalmente unos a otros y sienten que lo hacen porque Pablo hace referencia a ella como una espada: un arma. Pero no tienen en cuenta las siguientes palabras. Es la espada del Espíritu, no la espada de Stacy Dietz ni una espada que pertenezca a ningún otro ser humano.

Esta espada es empuñada por un ser espiritual que Dios coloca en el corazón de cada persona que cree en Su hijo. Prefiero pensar en dejar que el Espíritu Santo use la espada de Dios para atacar al enemigo cuando golpea mi corazón y mi mente. Cuando lucho, uso Su Palabra (es por eso que mi llavero con versículo es tan grande) para cambiar mis pensamientos, rellenarlos con la verdad y alejarlos de las mentiras dichas por una influencia impía. Esta es una batalla espiritual basada en mi fe en la esperanza de que Dios es quien dice ser y en la creencia en cosas que no puedo ver. Prefiero dejar que las Escrituras que salen de mi boca ayuden a fortalecer a otros y no atacarlos. Si son personas que me han dado permiso para responsabilizarlos en su fe, entonces puedo recordarles cosas que ya saben (2 Timoteo 3:16).

Como en todo en esta vida , entre más sabemos y se nos da, más se nos piden cuentas (Lucas 12:48). Nuestra sabiduría y comprensión se muestran en la forma en que vivimos nuestras vidas (Santiago 3:13). Creo que a medida que crecemos, debemos responsabilizarnos y no usar las palabras de Dios para "apuñalar" a otros y obligarlos a ser sumisos. Al final de mi vida, no seré responsable de la vida de nadie más que de la mía propia. ¿Podré enfrentarme al mal? ¿Podre oponerme a la VIOLACIÓN? Claro que si. Es una necesidad. Sin embargo, en nuestras conversaciones cotidianas, podemos optar por utilizar el espíritu para fortalecer a quienes nos rodean, para ayudar a enseñar y corregir y no atacar, "dañar" y difamar.

Lo último que Pablo menciona en Efesios 6:17 es:

> "*orad en el Espíritu en toda ocasión con toda clase de oraciones y peticiones.*"

El casco, la espada y la oración están estrechamente relacionados con "y."

Nuestros pensamientos son vitales. Lo que elijamos hacer con ellos es de suma importancia para librar batallas espiritualmente. Nuestras oraciones están ligadas a nuestra fe y a la acción del Espíritu Santo, en quien podemos confiar porque la Palabra de Dios es verdad. Se nos pide orar en el espíritu para que el Espíritu Santo pueda actuar con su espada la cual es la palabra de Dios. Es esta espada la que cambia los corazones y afecta los destinos, pero no la empuñamos nosotros para atacar a otra persona, la usa un ser espiritual. La acción que debemos tomar mientras nos enfrentamos al mal es orar en todas las ocasiones.

Tengo fe en que cuanto más reflejo Su carácter al permitir que el Espíritu Santo obre en mi corazón, curando y matando todas las cosas que me separan de Dios o me impiden vivir una vida recta, más uso mi escudo de fe para amar. Cuanto más proteja y fortalezca a los demás, más batallas podré afrontar.

CAPITULO 8

ESPIRITU SANTO

"Que os sea una luz en los lugares oscuros,
cuando todas las demás luces se apaguen."
—J.R.R. Tolkein, The Fellowship Of The Ring

"Cuando estaba a punto de escalar otro medano,
su corazón le susurró: ‹Sé consciente del lugar
donde te hacen llorar. Ahí es donde estoy yo,
y ahí es donde está tu tesoro›."
—Paulo Coelho, The Alchemist

M e gusta orar por medio de las Escrituras. Me ayuda a centrar mis pensamientos en lo que Dios quiere de mi. Esto es particularmente útil cuando tengo dificultades con mis propias emociones o me cuesta concentrarme. A veces las personas sienten que tienen que hablar con Dios de la misma manera que hablan con un profesor de inglés; en un lenguaje gramatical y estructuralmente perfecto. Doy gracias a Dios que ese no es mi caso. Dios no necesita que usemos palabras precisas y perfectas al orar (Romanos 8:26). Muchas mujeres con las que he conversado a lo largo de los años compartieron que se sentían inadecuadas al acudir a Dios con sus oraciones. Ninguno de nosotros necesita ser adecuado o perfecto porque Dios ha depositado el Espíritu Santo en nuestros corazones y él es más que adecuado y perfecto.

En la carta de Pablo a la iglesia de Corinto, escribe:

> *"Es Dios quien nos permite, junto a ti, permanecer firmes por Cristo, Él nos ha comisionado y nos ha identificado como suyos al colocar el Espíritu Santo en nuestros corazones como la primera entrega que garantiza todo lo que Él nos ha prometido.* . . . (2 Corintios 1:21-22, Nueva Traducción Viviente)

Esto muestra que, el Espíritu Santo, es la parte de la comunidad de Dios que vive en nosotros. Debemos ser conscientes de que Dios quiere hacer otros depósitos también. Es por eso que necesitamos abrir nuestro corazón y nuestra mente cuando oramos, permitiendo que Dios haga los depósitos, que por nuestra cuenta podríamos pasar por alto o malinterpretar.

El Espíritu Santo trabaja en unión con Dios y con nosotros para ayudarnos a comunicarnos más eficazmente con Él. Muchas veces, las Escrituras mencionan al Espíritu Santo (Judas 1:20, Hechos 2:4, Lucas 4:1). Esto significa que el Espíritu Santo es algo adicional a lo que somos. Puede ser un aspecto complicado de nuestra relación con Dios, así que analicémoslo en *quién, qué, cuándo, dónde, cómo y por qué.*

¿QUIÉN ES EL ESPÍRITU SANTO?

El Espíritu Santo es la tercera parte de una comunidad llamada trinidad de la que forman parte Dios, el Padre y Jesús. Todos son divinos y todos son Dioses. Dios mora en una comunidad de tres (trinidad), comúnmente enseñada como Dios Padre, Dios Hijo (Jesús) y el Espíritu de Dios (Espíritu Santo). Dios nunca quiso que viviéramos solos y lo dice muy claramente en Génesis 2:18:

"No es bueno que el hombre esté solo. Le haré una ayuda adecuada."

Por lo que no debería sorprendernos que Él tampoco esté solo.

Comprender la naturaleza de la trinidad de Dios es extremadamente importante y puede resultar complejo.

La Biblia dice, en 2 Corintios 3:18.

"Ahora el Señor es el Espíritu, y donde está el Espíritu del Señor hay libertad."

El Espíritu Santo no es un Dios aparte; el es Dios.[1] No es un fragmento de humo que vaga invisible. Un ejemplo que se utiliza comúnmente para explicar una naturaleza trina (trinidad) es el agua. El agua es un solo compuesto que puede existir en tres estados, líquido, hielo y gas,[2] Dios existe en tres entidades diferentes. Otro ejemplo que ayuda a entender este tema complejo es un problema matemático. Muchos pensarían en la naturaleza trina (trinidad) de Dios como $1 + 1 + 1 = 3$, lo que causa confusión. La ecuación $1 \times 1 \times 1 = 1$ es una mejor manera de pensar en ello.[3] Aunque los ejemplos pueden ayudar a comprender un concepto importante, ciertamente no pueden decirnos completamente cuán impactante es el Espíritu Santo para nosotros y en nuestra vida de oración.

Hay algunas cosas que requieren fe. En Hebreos 11:1 dice:

"Ahora la fe es confianza en lo que esperamos y seguridad en lo que no vemos."

No puedo describir completamente quién es el Espíritu Santo en su totalidad, pero puedo decir con confianza que cuando buscas a Dios y pasas tiempo con Él, Él te revelará las cosas que le gustaría que supieras. No podemos insistir en que Dios encaje en nuestro entendimiento. Él no lo hace, pero puede y quiere darnos sabiduría para que nuestro entendimiento de Él crezca (Santiago 1:5, Proverbios 2:6.

¿QUÉ HACE EL ESPÍRITU SANTO?

Lo que es importante para nuestra vida de oración y nuestra vida en general son dos cosas: el Espíritu Santo nos da poder (Hechos 1:8, 2 Timoteo 1:7) y nos da las herramientas necesarias por medio de dones espirituales (1 Corintios 12:4).

El poder se describe como la capacidad de hacer algo, la fuerza o la autoridad para actuar.[4] No siempre me siento particularmente poderosa, pero sí siento que gracias a Dios tengo la capacidad de hacer algo y Él me da la autoridad para actuar. Él me ha equipado para hacer lo que Él quiere que haga. Es a través de la oración que gano fuerza y conozco los detalles de cómo actuar en mi vida diaria, en qué áreas tengo autoridad para actuar y cómo usar mis dones. Es a través de la oración y del Espíritu Santo que puedo entender lo que Dios quiere que vea.

> *"Nadie puede saber lo que piensa otra persona. Sólo el espíritu de esa persona sabe lo que ella está pensando. De la misma manera, sólo el Espíritu de Dios sabe lo que piensa Dios. Pero como Dios nos dio su Espíritu, nosotros podemos darnos cuenta de lo que Dios, en su bondad, ha hecho por nosotros."* (1 Corintios 2:11-12)

El Espíritu Santo tiene muchos atributos. Aquí les comparto una breve lista de ellos"

- Él nos condena de pecado   Juan 16:8
- Él nos enseña y nos recuerda   Juan 14:26
- Él nos guía a toda la verdad   Juan 16:13
- Él da fruto a través de nosotros   Gálatas 5:22-23
- Él está con nosotros   Juan 16:7
- Él revela e ilumina   1 Corintios 2:11-12, 14
- Él testifica   Juan 15:26
- Él guía   Juan 15:26
- Él habla   Romanos 8:14
- Él da instrucciones   Hechos 1:1-2
- Él sostiene   Génesis 6:3
- Él ordena   Hechos 8:28-29
- Él intercede   Romanos 8:26
- Él envía trabajadores   Hechos 13:4
- Él llama   Apocalipsis 22:17

- Él trabaja   1 Corintios 12:11
- Él puede ser afligido   Isaías 62:10, Efesios 4:30
- Él confirma la verdad   Romanos 9:1

¿CUÁNDO SE APARECIÓ EL ESPÍRITU SANTO?

El primer versículo de la Biblia nos dice:

> *"Cuando Dios comenzó a crear el cielo y la tierra, la tierra no tenía forma, ni había en ella nada que tuviera vida. Las aguas estaban cubiertas por una gran oscuridad, pero sobre la superficie del agua se movía el espíritu de Dios."* (Genesis 1:1)

Al principio Dios no estaba solo. El Espíritu de Dios se movía sobre las aguas. Es este Espíritu el que ha sido depositado en nuestros corazones. Es este Espíritu el que proporciona sabiduría, comprensión, consejo, fortaleza, conocimiento y reverencia (Isaías 11:2).

Cuando Jesús dio a sus discípulos la tarea de predicar el evangelio al mundo entero, no tenían absolutamente ningún poder para llevarlo a cabo hasta que viniera el Espíritu Santo (Lucas 24:49). De la misma manera, si esperamos lograr lo que Dios desea en nuestras vidas, debemos verlo como nuestra fuente de poder y fortaleza. Si queremos afectar/motivar a otros hacia Dios, sería prudente orar antes de hablar y actuar.

En la economía de Dios, nuestro pecado requiere pago para que podamos estar con Él. Jesús es ese pago. Dios, sabiendo que no sería posible vivir sus leyes perfectamente, nos dio un sustituto perfecto. Sólo tenemos que elegir aceptar, como verdad (Hechos

2:38). Cuando lo hacemos, Dios deposita el Espíritu Santo en nuestros oídos.

¿EN *DÓNDE* VIVE EL ESPÍRITU SANTO Y *CÓMO* SE NOS DA?

Dado que Dios trata con nuestros corazones, tiene sentido que haga allí un depósito muy valioso. El lugar donde reside el Espíritu Santo está estrechamente relacionado con la forma en que se da, porque solo Dios puede depositarlo en nuestros corazones.

Las Escrituras dicen:

> *"Y yo le pediré a Dios el Padre que les envíe al Espíritu Santo, para que siempre los ayude[a] y siempre esté con ustedes. Él les enseñará lo que es la verdad."* (Juan 14:16-17) *"El cuerpo de ustedes es como un templo, y en ese templo vive el Espíritu Santo que Dios les ha dado. Ustedes no son sus propios dueños."* (1 Corintios 6:19)

Puede parecer extraño que Dios pueda vivir dentro de nosotros. Sinceramente, no puedo explicar completamente la mecánica de esto. Muchas veces cuando rezo la sensación que me viene primero, ocurre internamente. Aunque a veces Dios habla a través de Sus creaciones físicas, Su palabra puede afectarme emocionalmente. Aunque Dios no tiene restricciones en la forma en que trabaja con nosotros, el primer lugar donde generalmente comienza es con nuestros corazones. Cuanto más preguntamos, buscamos, llamamos, cuestionamos y perseguimos a Dios, más encontraremos y más entenderemos:

"Mis planes para ustedes solamente yo los sé, y no son para su mal, sino para su bien. Voy a darles un futuro lleno de bienestar. Cuando ustedes me pidan algo en oración, yo los escucharé. Cuando ustedes me busquen, me encontrarán, siempre y cuando me busquen de todo corazón. Estaré con ustedes y pondré fin a su condición de esclavos. Los reuniré de todas las naciones por donde los haya dispersado, y los haré volver a Jerusalén. Les juro que así lo haré." (Jeremías 29:11-14)

¿POR QUÉ NECESITAMOS AL ESPÍRITU SANTO?

No somos criaturas divinas. Nuestro ADN es puramente natural y no contiene ni una pizca de divinidad. Sin embargo, somos atesorados y amados por un Dios que quiere ser nuestro Padre y mucho más. La escritura dice:

"Todos los que viven en obediencia al Espíritu de Dios, son hijos de Dios. Porque el Espíritu que Dios les ha dado no los esclaviza ni les hace tener miedo. Por el contrario, el Espíritu nos convierte en hijos de Dios y nos permite llamar a Dios: "¡Papá!" El Espíritu de Dios se une a nuestro espíritu, y nos asegura que somos hijos de Dios. Y como somos sus hijos, tenemos derecho a todo lo bueno que él ha preparado para nosotros. Todo eso lo compartiremos con Cristo. Y si de alguna manera sufrimos como él sufrió, seguramente también compartiremos con él la honra que recibirá." (Romanos 8:14-17)

Como adoptados de Dios, nos convertimos en sus hijos. Como Sus hijos, se nos promete ser herederos, lo que significa que se nos promete una vida eterna con Él. También estamos bajo Su protección, provisión y cuidado mientras estamos aquí en la tierra. Junto con todos estos privilegios que recibimos bajo Su cuidado, también tenemos responsabilidades que se alinean con el representarlo bien y mostrar a los demás Su carácter a través de la forma en que vivimos nuestras vidas. Muchos niños son un reflejo de sus padres y sus actividades. Al convertirnos en parte de la familia de Dios, debemos reflejar todo lo que Él es de la mejor manera debido al amor que nos ha mostrado y nuestro amor por Él.

Cuando creemos que Jesús es quien dice ser, el sello de Dios, el Espíritu Santo, se deposita en nuestro corazón. Un sello es un dispositivo o sustancia que se utiliza para unir dos cosas para evitar que se separen. También se utiliza como un pedazo de cera, plomo u otro material con un diseño único que es estampado y adherido a un documento, para demostrar que proviene de la persona que dice haberlo emitido.[5] Cuando Dios pone Su sello del Espíritu Santo en nuestros corazones, es intencional y tiene un propósito. Estamos ligados a Él por la eternidad y ahora somos sus representantes con Su diseño individual grabado en nuestros corazones.[6] En Efesios 1:13-14, dice:

> *"Cuando creísteis, fuisteis marcados en él con un sello, el Espíritu Santo prometido, que es depósito que garantiza nuestra herencia hasta la redención de los que son posesiones de Dios, para alabanza de su gloria."*

Cuando Pablo escribió esta carta a la iglesia de Éfeso, los lectores de sus cartas habrían entendido su referencia de estar marcado con un sello. Se usaba con frecuencia en el mundo antiguo.[7] Una vez sellado, se convertía en un documento oficial que llevaba consigo la autoridad distintiva de quien lo enviaba. No debía abrirse hasta que fuera entregado a su dueño previsto.[8] Nuestros corazones son la suave sustancia sobre la cual Dios quisiera dejar su impresión omnisciente y su marca individual. Es el depósito del Espíritu Santo lo que nos da autenticidad, propiedad y autoridad para representar a Dios. Es a través del Espíritu Santo que nuestra herencia está asegurada y se vuelve permanente. Con respecto a nuestra vida de oración, Pablo afirma en Romanos 8:26-27 que tenemos un defensor:

"Del mismo modo, y puesto que nuestra confianza en Dios es débil, el Espíritu Santo nos ayuda. Porque no sabemos cómo debemos orar a Dios, pero el Espíritu mismo ruega por nosotros, y lo hace de modo tan especial que no hay palabras para expresarlo. 27 Y Dios, que conoce todos nuestros pensamientos, sabe lo que el Espíritu Santo quiere decir. Porque el Espíritu ruega a Dios por su pueblo especial, y sus ruegos van de acuerdo con lo que Dios quiere."

Dos cosas mencionadas aquí son muy importantes para nuestra vida de oración. La primera es que no sabemos por qué debemos orar, pero el Espíritu Santo intercede por nosotros. Segundo, el Espíritu intercede de acuerdo con la voluntad de Dios. Puede que no siempre sepamos exactamente qué o cómo orar, pero eso no hará que nuestras oraciones sean en vano, inútiles o innecesarias porque el Espíritu Santo interceda por nosotros. Lo que ayuda es tener corazones que se preocupen en la voluntad de Dios. Cuando el Espíritu Santo se deposita en nuestros corazones, nuestras vidas se convierten en un esfuerzo cooperativo para permitir que Dios obre en nosotros y lleguemos a una comprensión más completa de quién es Él y lo que eso significa.

Las Escrituras reforzar este punto:

> *"Qué debo hacer entonces? Pues orar y cantar con mi espíritu, pero también orar y cantar con mi entendimiento."*
> (Corintios 14:15)

Ese depósito también requiere acción. No se nos da algo para esconderlo, ocultarlo o fingir que no existe. Ya que Dios se trata de la comunidad. Sus depósitos no están destinados a una caja fuerte hecha de acero inaccesible de un banco. Sus depósitos están destinados a millones de corazones permeables, moldeables y móviles que afectan a otros corazones para Su gloria. Esto significa que debemos movernos con el Espíritu Santo en nuestros corazones inspirando a los demás para que ellos también puedan ser adoptados y amados por la eternidad. Es un instinto natural que cuando nos topamos con algo, lo amamos y atesoramos y les compartimos lo que sabemos. Testificar acerca de Dios es simplemente eso, compartir lo que sabemos de Él con los demás. Dios es el encargado de cambiar el corazón de ellos, no nosotros. Nosotros solo somos los representantes.

Las Escrituras dicen:

"Pero ustedes, queridos hermanos, sigan confiando siempre en Dios. Esa confianza es muy especial. Cuando oren, dejen que el Espíritu Santo les diga lo que deben decir. Confíen todo el tiempo en el amor de Dios, y esperen el día en que nuestro Señor Jesucristo nos dará la vida eterna, pues él también nos ama mucho. Ayuden con amor a los que no están del todo seguros de su salvación. Rescaten a los que necesitan salvarse del infierno, y tengan compasión de los que necesitan ser compadecidos. Pero tengan mucho cuidado de no hacer el mismo mal que ellos hacen . . ." (Jude 1:20-23)

Nuestra fe debe extenderse a los demás con misericordia, sin juzgar o intentar de controlar.

A menudo pienso en mis suegros cuando era la única familia con la que salía y pasaba mucho tiempo. Pasé por un período de rebelión y pensaba que decir malas palabras constantemente significaba que me sentía libre de decir lo que quisiera. Cuando lo que realmente mostraba a todos los que me rodeaban era que carecía de autocontrol y de respeto a quienes me rodeaban y sin tomar en cuenta que se sentirían ofendidos por mis palabras. Ignoraba todo esto y a menudo lo presumía. Ellos nunca me juzgaron. No me insultaban ni tampoco estaban de acuerdo con mi comportamiento. Simplemente continuaban siendo los mejores embajadores que podian ser. Me di cuenta que seguían amándome y representando bien a Dios, comencé a investigar qué significaba eso. Al final, Dios me abrió los ojos de mi comportamiento, que había durado mucho más que un castigo de una crítica. He llegado a comprender que cuando uno entiende más, la responsabilidad es más grande. Entre más responsabilidad acepta uno el privilegio más significativo. No estaba en un punto de entender este principio en ese momento de mi vida, pero hoy en dia si mi comportamiento fuera igual que antes, mi expectativa fuera que mis suegros me dijeran algo al respecto, definitivamente lo entendería y es lo menos esperaría de ellos ya que mis acciones o palabras inapropiadas ya no encajan con mi perspectiva actual.

Muchas personas se preocupan por cómo se les dará la oportunidad de saber lo que Dios ha hecho, incluso cuando nunca han estado expuestos a la Biblia. Creo que aunque es bueno preocuparse por ésto, cada uno somos los principales responsables de nuestras propias decisiones. Dentro de nuestro círculo que influenciamos, podemos testificar de lo que creemos que es la verdad. El desear que a todos nos llegue, hace que nuestros círculos se amplíen. Solo podemos hacer lo suficiente y confiar en que Dios tiene un plan para que cada corazón tenga la oportunidad de elegir la verdad, sin importar cómo llegue a ellos (Hebreos 2:1-4).

Cuando en nuestras vidas damos testimonio de quién es Dios y afirmamos Su presencia, demostramos nuestra fe al demostrar evidencia del Espíritu Santo en nuestros corazones. En las situaciones más difíciles en donde sentimos que estamos en una olla a presión, en los momentos más trágicos, en los momentos más insoportables de nuestras vidas, en los momentos que estamos en la sala de un tribunal, nos preguntamos: ¿damos nuestra declaración por Dios o por nosotros?

Cuando mi suegra decidió agradecerle a Dios por darle a su hijo por diecinueve años de vida, fue una forma de declarar evidencia de su amor por Dios en el momento que se sentía que estaba en un tribunal. Esos momentos son diferentes para cada uno, según su forma de entender auténticamente y el tiempo que pasan con Dios. Sus acciones al igual que las de toda la familia durante ese momento tan difícil eran basadas gracias a sus rezos que eran muy sólidos. Como cristianos y ya en edad mayor, mis suegros me mostraron, su comprensión tan profunda de quién era Dios en los momentos que se sentían frente a un tribunal. Sin duda alguna tenían por seguro que su hijo estaría bien cuidado por Dios eternamente. Ese día, estuve agradecida de haber visto su amor por Dios lo cual cambió la trayectoria de mi vida.

Empecé con este versículo cuando comencé este capítulo y terminaré esta sección con él mismo.

> *"Tanto a mí como a ustedes, Dios nos mantiene firmemente unidos a Cristo. Él nos eligió y, para mostrar que somos suyos, nos puso una marca: la marca de su Espíritu Santo."* (2 Corintios 1:21-22, Traducción de New Living)

Las oraciones pueden cambiar vidas. Cuando buscamos a Dios con persistencia por medio de la oración, El puede cambiar la vida de cualquier persona. Solo se necesita empezar a orar. Tomar un paso se logra otron cuando lo hacemos con intención firme. Por mi parte rezaré para que este libro los motive a que lleven unas vidas profundamente espirituales. Asimismo, reconozco que mi viaje no ha terminado. Estoy emocionada de ver a dónde me llevará Dios.

CAPITULO 9

TENEMOS UN MODELO: LA ORACIÓN DEL SEÑOR

"actuar sin una visión es sólo pasar el tiempo, la visión sin acción es simplemente soñar despierto, pero la visión con acción puede cambiar el mundo."
—NELSON MANDELA

"Entender para mejorar tiene dos fines: primero, superar nuestro propio conocimiento; segundo, permite transmitir ese conocimiento a otros."
—JOHN LOCKE

Tengo claro que Dios quiere que oremos. Se menciona más de 600 veces en todas las Escrituras.[1] No siempre tenemos pruebas que podamos ver o medir, es evidente en las Escrituras que nuestras oraciones son respondidas al leer versículos como Santiago 5:16, 1 Juan 3:22 y Juan 15:7.

Jesús oró muchas veces durante su ministerio terrenal. Cuando se le pregunta cómo orar, da un modelo en forma de lo que comúnmente se conoce como *La oración del Señor/El Padre Nuestro*. Se puede encontrar tanto en el libro de Lucas como en el de Mateo.

En el libro de Mateo, *La Oración del Señor/El Padre Nuestro* no es lo primero que enseña Jesús. Hay tantas cosas que sientan un buen cimiento para una oración eficaz y significativa. No se trata sólo de encerrarse, sentarse en un lugar privado y crear el ambiente perfecto. Jesús primero habla de la posición de nuestros corazones al abrir Su Sermón en el Monte con lo que se conoce como las Bienaventuranzas (Mateo 5:3-10):

1. Bienaventurados los pobres de espíritu, porque de ellos es el reino de los cielos.

2. Bienaventurados los que lloran, porque serán consolados.

3. Bienaventurados los humildes, porque ellos heredarán la tierra.

4. Bienaventurados los que tienen hambre y sed de justicia, porque serán saciados.

5. Bienaventurados los misericordiosos, porque a ellos se les mostrará misericordia.

6. Bienaventurados los de corazón puro, porque ellos verán a Dios.

7. Bienaventurados los que trabajan para que haya paz, porque serán llamados hijos de Dios.
8. Bienaventurados los que sufren persecución por buscar la justicia, porque de ellos es el reino de los cielos.

Jesús les está enseñando que Dios se preocupa por los pobres de espíritu, los que están de luto, los humildes, los que tienen hambre y sed de justicia, los que son misericordiosos, los que mantienen la paz y los que son perseguidos a causa de la justicia [de Dios]. Jesús nombra este tipo de condiciones para que la gente sepa cuán profundamente Dios se preocupa por los necesitados y por aquellos que reconocen que necesitan a Dios y lo están buscando. Él responde a quienes claman por cosas más grandes y mejores. Bryon Yawn, en su video, *¿Cuál es el significado de las Bienaventuranzas?*, agrega otra advertencia a esta discusión al decir que las Bienaventuranzas no eran simplemente para lugares comunes o formas de vivir, sino que eran granadas designadas para atacar el pensamiento cultural de quienes escuchaban a Jesús hablar.[2] Estas bombas estaban destinadas a atacar el pensamiento cultural de que la superioridad moral o cualquier "virtud preciada" era suficiente para alcanzar la bendición de Dios. Esta idea me hace pensar porque muchas de las cosas que Jesús hizo eran contrarias al sistema de creencias de la cultura en la que vivió. No vino como un rey conquistador como muchos esperaban que fuera el mesías; en cambio, vino como un siervo.

Una base principal en el camino de mi vida y el concepto más impactante con respecto a la oración son las palabras *"Bienaventurados los de corazón puro, porque ellos verán a Dios.*" la palabra "puro" se define como "no mezclado con ninguna otra sustancia o material, sin elementos extraños e innecesarios, libre de cualquier contaminación."[4] A menudo la Biblia usa esta palabra para describir una condición moral o ética. Se nos pide que "seamos puros" de corazón, no perfectos de corazón, y Dios se revelará a nosotros.

A menudo oro para que mis hijos, sus hijos, los hijos de sus hijos y todas las generaciones que me pueda imaginar vean a Dios. Sé que si ellos lo ven, querrá decir que Él está obrando en sus corazones.

Algunos miembros de mi familia crecieron en Hawaii, por lo que estoy muy familiarizada con esa cultura. Recientemente me interesó un video de una señora recitando la Oracion de Nuestro Señor/El Padre Nuestro, en Hawaiano. Yo no hablo el idioma, pero me encanta escucharlo y, a menudo, escucho música Hawaiana porque me resulta muy familiar y reconfortante. La cultura Hawaiana y su gente pueden ser bastante espirituales. Quizás las personas que viven en lo que es esencialmente un enorme barco anclado en medio de una extensa masa de agua sean conscientes de forma innata de que son una pequeña parte de algo que es mucho más grande que ellos.

En el video, cuando esta señora subió al escenario, al principio cantaba la Oración de Nuestro Señor en inglés. Fue sumisa y reverente mientras ella permanecía muy calmada cuando sostenía el micrófono al cantar. Cuando terminó, dejó el micrófono y comenzó a recitar y cantar el Padre Nuestro en Hawaiano.5

Fue algo muy impactante. Usó sus manos hasta la punta de sus dedos para comunicarse. Se convirtió en más que una canción. Fue apasionado y puro. No entendí las palabras en sí, pero vi cómo cambió su lenguaje corporal. Ella se veía hasta más alta, parecía más poderosa.

Sus palabras fueron apasionadas y fue muy claro que estaba totalmente enfocada en lo que estaba comunicando. Su conversación fue pura y natural, y por eso lo sentí muy profundo en mi corazón. No todas las oraciones son así, pero si lo fueran, ¿podríamos ver más claramente a Dios?

Jesús continúa diciendo:

> *"(a ustedes) Dios los bendecirá cuando, por causa mía, la gente los maltrate y diga mentiras contra ustedes. ¡Alégrense! ¡Pónganse contentos! Porque van a recibir un gran premio en el cielo. Así maltrataron también a los profetas que vivieron antes que ustedes."* (Mateo 5:11)

Esto no significa que seamos bendecidos por el sufrimiento que atravesamos. En cambio, dice que somos bendecidos por quién es Él. Si tomamos malas decisiones y nos tratan mal por eso, no podemos culpar a nuestra fe. Eso no es de lo que Jesús está hablando.

Él continúa:

> *"Ustedes son como la sal que se pone en el horno de barro para aumentar su calor. Si la sal pierde esa capacidad, ya no sirve para nada, sino para que la tiren a la calle y la gente la pisotee."* (Mateo 5:13)

Él continúa en los versículos 14-16.

> *"Ustedes son como una luz que ilumina a todos. Son como una ciudad construida en la parte más alta de un*

cerro y que todos pueden ver. Nadie enciende una lámpara para meterla debajo de un cajón. Todo lo contrario: la pone en un lugar alto para que alumbre a todos los que están en la casa. De la misma manera, la conducta de ustedes debe ser como una luz que ilumine y muestre cómo se obedece a Dios. Hagan buenas acciones. Así los demás las verán y alabarán a Dios, el Padre de ustedes que está en el cielo."

Estas Escrituras muestran que tenemos doble propósito en la vida. Primero, el propósito de afectar a otros, y segundo, tenemos una luz que debemos dejar brillar tan intensamente que lleve a otros a glorificar a Dios. Al igual que los meses del año incapaces de resistir cualquier luz que brille en la oscuridad de nuestras noches de verano, no llevamos a otros para que sepan quién es Dios, la luz que sale de nosotros lo hace. Esa luz se convierte en una atracción irresistible a la que algunas personas no podrán resistirse.

Por el contrario, debemos preguntarnos, ¿estamos viviendo nuestras vidas de una manera que no contamine la luz que tenemos? ¿dedicamos tiempo en limpiar los cristales de nuestras ventanas para que otros puedan ver la luz?, ¿O estamos demasiado ocupados guiando a otros, nublados por nuestro propio prejuicio, en la dirección que nosotros mismos hemos creado, sin preguntarle a Dios adónde ir, qué decir o cómo actuar? Nuestra voluntad de vivir de cierta manera es lo que muestra cuánto amamos y respetamos a Dios. Quizás es por eso que Jesús mencionó que si otros nos tratan con malicia por seguirlo y no por quiénes somos, entonces nuestra recompensa será grande. Están atacando la luz que llevamos y esto significa que pueden verlo y optan por rechazarlo. Lo cual Dios nos recompensa por esto.

Esto nos lleva a Jesús explicando su misión aquí en la Tierra. En la traducción de la Biblia a la Nueva Versión Internacional, que se titula *El cumplimiento de la Ley.*

Jesús dice:

> *"No crean que vine a quitar la ley ni a decir que la enseñanza de los profetas ya no vale. Al contrario: vine a darles su verdadero valor. Yo les aseguro que mientras existan el cielo y la tierra, ni siquiera un punto o una coma se quitará de la ley, hasta que todo se cumpla. Por eso, si alguien no obedece uno solo de los mandatos de Dios, aun el menos importante, será la persona menos importante en el reino de Dios. Lo mismo le sucederá al que enseñe a otros a desobedecer. Pero el que obedezca los mandamientos y enseñe a otros a obedecerlos, será muy importante en el reino de Dios."* (Mateo 17-19)

En pocas palabras, se nos pide que vivamos de cierta manera. No podemos vivir nuestras vidas extendiendo las manos para recibir de Dios si no estamos dispuestos a compartirlo con los demás. No nos lo da con esa razón. No es por eso que Él responde nuestras oraciones. Él no permite la avaricia y el acaparamiento. Por lo cual, tenemos que entender que ninguno de nosotros vivirá en perfección, por eso Jesús nos dice que Él cumplirá donde nos quedamos cortos. Cuando vemos la palabra de Dios y permitimos que el Espíritu Santo obre en nuestras vidas, Dios construye un puente para cubrir el espacio entre ser el mejor barco que podemos ser (para ayudar a otros a ver a Dios) y ser el barco perfecto (en el que esa luz tan especial merece ser llevada). Nosotros solos no podemos hacer brillar esa luz, porque esa luz no somos nosotros, sino la presencia de Dios.

Dios obra por medio de su unidad con el Padre, Jesús y el Espíritu Santo. Ya que Dios trabaja en comunidad para una comunidad, ¿no deberíamos nosotros hacer lo mismo? ¿No deberían no solo algunas de nuestras oraciones, si no todas, estar relacionadas de alguna manera con la comunidad?

Hice una búsqueda simple en el Internet sobre "la palabra más común usada en la Biblia" y descubrí que (sin contar palabras como a, El, es, etc.) las palabras más comunes y lo cual es consistente con su deseo de que sepamos quien el El en comunidad con nosotros. Dependiendo de cada versión de la Biblia utilizada, los numeros son aproximadamente los siguientes: Señor[6] (7000-8000), Dios (4293), Hombre (2747), Israel (2509) y Gente (2271).[7] Muchas de las palabras que encabezan la lista usadas con frecuencia tienen que ver con comunidad e identidad.[8] Algunas de las palabras más utilizadas en la Biblia no se refieren a nuestros corazones o nuestras acciones, las cuales son extremadamente importantes para Dios. Tal vez estoy simplificando demasiado el tema al usar un conteo simple de palabras, pero el uso de estas palabras nos muestra que Dios está interesado en compartir quién es Él, la relación que quiere tener y que somos importantes para Él. Él continuamente se acerca a nosotros deseando que todos vivamos en comunidad.

Las dos últimas cosas que Jesús nos pide que hagamos antes de comenzar a enseñar sobre la oración son amar a nuestro enemigo y dar a los necesitados. Ambos son comunitarios y ambos sirven como una transición para que Jesús hable sobre la oración. Para que se cumplan estos dos temas especiales los cuales se relacionan con la comunidad, se requiere la oración.

Amar a nuestro enemigo requiere sacrificios en formas que naturalmente no estamos dispuestos a hacer. Sin embargo, de manera sobrenatural, cuando pedimos por la habilidad de amar y perdonar a quienes nos hacen daño, nuestras oraciones reciben respuesta. A veces se nos responde con un cambio inmediato en nuestros corazones. A veces se nos responde con un inmediato cambio de opinión. A veces sólo se nos responde después de preguntar con paciencia y perseverancia. Mientras trabajamos en los problemas de nuestro corazón, tenemos la seguridad de que nuestras oraciones serán respondidas porque es algo que se nos pide que hagamos y Jesús cumple esa ley cuando nosotros no podemos. Dios obra de manera sobrenatural para permitirnos hacer cosas extraordinarias, sin importar quiénes seamos. Esta accion da frutos sobrenaturales por medio del Espíritu Santo que aparece en nuestro mundo natural.

Cuando damos a los necesitados, nos convertimos en los mismos pies, brazos y manos de Dios. Estamos mostrando Su compasión y cuidado cuando satisfacemos las necesidades de otra persona. John Ortberg, en su libro *La Vida Que Siempre Has Deseado*, hace sabiamente esta pregunta y luego ofrece su comentario: "¿Está mi amor creciendo por Dios y por las personas? La verdadera cuestión es en qué tipo de personas nos estamos convirtiendo. Las prácticas de cómo leer las Escrituras y orar son importantes no porque prueban que tan espirituales somos sino porque Dios puede usarlas para guiarnos por la vida."[9]

Dios sabe lo que da a una mano, que a la vez da a la otra mano que es capaz de dar al necesitado. Él nos da cosas para que podamos dar a los demás y de esta manera nos convertimos en Sus manos y pies aquí en la Tierra.

Ahora está preparado el escenario adecuado para hablar sobre los pasos específicos de cómo orar. Jesús los describe en El Padre Nuestro tanto en Mateo 6:9-13 como en Lucas 11:2-4. Esta es una manera excelente de cómo empezar tu viaje/jornada de oración. Hay tanto que podría compartirles porque hay mucho más al respecto, pero hoy me encantaría compartir cinco principios simples que me ayudaron inmensamente mientras intentaba aprender a orar.

PRINCIPIO I:

"Padre nuestro que estás en los cielos, santificado sea tu nombre . . . "

Esta es una declaración de adoración. En primer lugar, debemos aprender a adorar a Dios. Solía comenzar mis oraciones con mis necesidades o centrarme en mis deseos. Aunque Dios conoce nuestros corazones y nos quiere escuchar, cuando empezamos a orar y nuestras oraciones están enfocadas en quién es Él y no en quiénes somos nosotros, se convierten en mucho más que solo oraciones que tienen que ver con nuestras necesidades. Se vuelven más grandes, comunitarias y conversacionales. Este tiempo de adoración, dedicado a reconocer quién es Él y qué puede hacer, nos ayuda a frenar nuestro orgullo y ego. Esto nos permite ser humildes y confiar en nuestro viaje hacia El.

En el libro de Job, Dios se describe a sí mismo haciéndole preguntas que muestran su grandeza. Estas son sólo algunas de esas preguntas:

- "¿Dónde estabas cuando puse los cimientos de la tierra?"
- "¿Alguna vez le has dado órdenes a la mañana o le has mostrado al amanecer su lugar?"

- "¿Se te han mostrado las puertas de la muerte?"
- "¿Has comprendido las vastas extensiones de la tierra?"

Las preguntas continúan y terminan con esta última pregunta, algo así como: "Entonces, Job, ¿puedes hacer esto? Porque yo si puedo."

"¿Puedes alzar tu voz a las nubes y cubrirte con una capa de agua? ¿Mandas a los relámpagos a su camino? ¿Te informan: ‹Aquí estamos›?"

Dios no presume. No tiene necesidad de hacerlo. Él está declarando quién es Él y qué puede hacer para que sepamos en manos de quién ponemos nuestras vidas.

¿Puede alguien en este planeta hacer alguna de las cosas que Dios le dice a Job que puede hacer? Es un consuelo saber que en quién confío puede hacer cosas inimaginables. Sin embargo, cada día ponemos nuestra fe en algo mucho menos capaz. Es gracias a la grandeza de Dios que tenemos la seguridad de que nuestras oraciones pueden ser respondidas, se pueden hacer planes y cumplir con las provisiones. ¿Por qué no confiar también en Él para saber un poco más de lo que es bueno para cada uno? En el enlace de toda una vida, Él tiene una visión mucho más clara durante toda la eternidad, Él ha vivido, creado, amado, inspirado y planeado.

En cuanto a las necesidades de nuestros seres queridos e incluso de nuestros enemigos, ¿cuánto sabe Él acerca de lo que necesitan? No creo que adoremos a Dios para elevar su ego, sino más bien para reconocerlo en Su gloria y saber en quién confiamos. Curiosamente, entre más tiempo dedicamos a la adoración mientras oramos, más confianza podemos tener en nuestro bienestar, no por quiénes somos, sino por quién es Dios.

Aunque Dios quiera tener una relación íntima y honesta con nosotros, es prudente recordar que debemos tener una actitud reverente. La palabra "santificado" significa "puesto en un lugar como un santo."[10] Dios es nuestro Padre celestial, creador de los cielos y de la tierra, Señor todopoderoso, el alfa y la omega; no nuestro padre biológico o un amigo casual. Esto no significa que sea necesario usar un lenguaje formal al hablar con Él, o actuar apropiadamente (a menos que así te nazca hacerlo), más bien significa tener una actitud humilde y reverente entendiendo con quién estás conversando.[11] Una actitud de adoración es una entendimiento interno del carácter de Dios que puede darnos una "claridad de la realidad" correcta. A veces adoro a Dios escuchando música, escribiendo un diario o leyendo las Escrituras, como el capítulo de Job al que hice referencia anteriormente. Casi siempre, el adorar incluye la comprensión y el reconocimiento del carácter de Dios. Recordar lo que Él ya ha hecho y dar valor a esas acciones puede ayudar a eliminar el orgullo y establecer la confianza en nuestros corazones.

PRINCIPIO 2:

"Venga tu reino, hágase tu voluntad en la tierra como en el cielo . . . "

Este principio tiene que ver en parte con una elección, una decisión de elegir el reino y la voluntad de Dios en nuestras vidas. Reconocemos que Su reino está por llegar; le estamos dando control y gobierno en nuestras vidas.

Los reinos están gobernados por la autoridad. Una autoridad correcta utilizará todos sus recursos para proteger, proveer y cuidar a todos en su reino. Esto requiere una elección basada en la confianza. Por eso es útil iniciar cualquier conversación con Dios, adorándolo.

He leído Job 38, muchas veces para recordar su grandeza y su poder. Confío en que este es un reino cuida de mí, y del que quiero ser parte. El pasar tiempo leyendo la Biblia y aprendiendo quién es Dios y qué quiere darnos hace que nuestras oraciones sean mucho más impactantes. Dios se preocupa por todos los que estamos bajo su protección. Los padres que aman a sus hijos no le dan a uno algo si eso dañará a la familia o será perjudicial para cualquier otro hijo bajo su cuidado. Dios tampoco lo hará.

Anteriormente hablé de los motivos de nuestro corazón y propuse que cuando elegimos poner a Dios en primer lugar en nuestra lista de prioridades, comenzamos a dar un paso hacia Su voluntad y Él nos concede los deseos de nuestro corazón. Hay muchos ciclos inesperados en los principios de Dios. Uno de ellos es que cuando pensamos en Él y en los demás, Él cuida de nosotros y de nuestras necesidades. Se trata de fortalecer, no de hacernos sentir menos los unos a los otros. Se trata de amar al prójimo, no de odiarlos. Se trata de reconciliación, no de ira y amargura que nos paraliza. Se trata de comunidad, no de aislamiento y separación.

Con todo lo mencionado anteriormente, Dios no nos da todo lo que pedimos. Desde Su perspectiva eterna, Él nos da lo que sabe que es bueno para nosotros. ¿Estamos preocupados por los tesoros terrenales o de traer el reino de Dios aquí a la tierra?

¿Qué es el reino de Dios? *Guinness World Records/Records Mundiales Guinness* afirma que la Biblia es el "libro más vendido de no ficción" con más de cinco miles de millones de copias en todo el mundo.[12] Es este libro el que nos da una ruta para encontrar nuestro camino en Su reino. En este libro, Jesús, vive en comunidad con Dios Padre, que estuvo a su lado cuando nuestro mundo fue creado y que hizo todo lo posible para vivir con nosotros; Nos muestra cómo ser un líder siendo un sirviente. Se necesita una fuerza inmensa para ser humilde y amable. Una vida de humildad y mansedumbre no se construye sobre la debilidad. Es una vida construida sobre la fortaleza que a menudo se encuentra gracias a la oración.

En Marcos 14:36, las palabras de Jesús reflejan adoración;

"¡Padre!, ¡papá!, Para ti todo es posible. ¡Cómo deseo que me libres de este sufrimiento! Pero que no suceda lo que yo quiero, sino lo que quieras tú."

Jesús es honesto, sabe que lo que su Padre le pide que haga será inimaginablemente doloroso y le dice a su Padre que le de otra salida. Jesús no pierde tiempo con una larga serie de palabras. Es simple e íntimo. Simplemente comparte su corazón, un corazón que yo en lo personal trato de imitar. Ir a Dios en oración no se trata de ser un robot sin sentido o un tapete de una entrada. Se trata de honestidad y confianza, revelación y elección.

Dios hace brillar su luz y nos revela cosas sobre su naturaleza en oración. Él comparte cosas sobre Su reino aquí en la Tierra, cosas que le gustaría que se hicieran para salvar, para construir y alentar. Él nos da cosas para compartirlas con los demás (Proverbios 11:24-25). Dios no es hipócrita y durante su vida aquí en la Tierra, Jesús fue modelo de sinceridad, verdad y honestidad con nosotros. Vivió lo que predicó. Él no vino, se sentó en un trono y nos ordenó como sirvientes. Jesús tampoco nos pide que hagamos lo que él mismo no haya sido un ejemplo para con nosotros, y ni tampoco nos pide que hagamos lo que no nos fortalece a través de Él.

Mientras Jesús esperaba su persecución, mostró lo que había en su corazón durante ese tiempo con estas simples palabras que se encuentran en Lucas 22:42, Marcos 14:36 y Mateo 26:39: "Pero hágase tu voluntad antes que la mía."

Aunque muchos de nosotros enfrentamos dificultades, no creo que muchas de ellas se comparan con las dificultades que Él sabía que estaba a punto de enfrentar. Incluso peor que el dolor físico que soportaría mientras era perseguido aquí en la Tierra, su cuerpo sentíria el dolor que cada uno de nuestros cuerpos siente, debe haber sido una tortura absoluta el llevar la cargar todos los pecados de toda la humanidad siendo el hombre mas sagrado. El viviría la separación de Dios mientras llevaba nuestros pecados directamente al infierno al dejarlos con la muerte. Ninguno de nosotros aquí en este planeta escapará sin algún tipo de pérdida, soledad o separación de algo o alguien que amamos. Jesús tampoco. Él eligió pasar por todo lo que vivió para que pudiéramos estar con nuestro Señor en la eternidad. Jesús quería cumplir la voluntad del Padre y traernos el reino de Dios, hasta el punto de que lo abandonó todo para estar con nosotros. ¿Renunciarías a todo para poner a Dios en primer lugar? Cuando lo hacemos, pueden suceder cosas increíbles, cosas extraordinarias porque comenzamos a centrarnos en Él y no en nosotros mismos.

Cuando Dios se involucra en nuestras vidas, invita a la comunicación sobrenatural. Es entonces cuando podemos ver que Él nos escucha y nos da lo que pedimos (Salmo 37:4-7). Una de mis canciones favoritas es de Lauren Daigle. *"First"/"Primero."* La canción da palabras perfectas a este pensamiento de buscar *"primero"* la voluntad de Dios en todo: "Antes de traer mi necesidad, traeré mi corazón/Antes de levantar mis preocupaciones, levantaré mis brazos/ . . . Y te buscaré *primero.*"[13]

PRINCIPIO 3:

"Danos hoy nuestro pan de cada día . . ."

Este tercer principio es un ejemplo de la confianza en Dios, una confianza que debe renovarse diariamente.

"Danos lo que necesitamos hoy," no "dame lo que necesito para los próximos diez años y después regresaré a ti con mi próxima lista." El quiere sentarse con nosotros todos los días. ¿Qué tan asombroso es eso? Él quiere saber de nosotros en cada momento de cada día. Así de importantes somos para Él.

Puedo decir con seguridad que todas nuestras relaciones importantes deben construirse en torno a la confianza. Dios quiere saber qué es lo que queremos. Él quiere darnos lo que nos nutre y lo que nos alimenta. No siempre se trata solo de nuestros cuerpos, sino también de nuestras almas y de lo que no se puede tocar, como nuestras mentes, emociones y voluntad. Dios es un ser sobrenatural, por lo que no me sorprende que se preocupe por algo más que nuestros cuerpos naturales y físicos. Él quiere darnos mucho más, no simplemente satisfacer nuestras necesidades naturales. Él quiere multiplicar y hacer que las cosas sean sobrenaturales para nosotros. Él quiere proveernos diariamente.

Es por este principio que he aprendido a pedirle a Dios lo que quiero pero también lo que Él piensa que es bueno para mí. Hay muchas veces que pienso en cosas que pedirle a Dios. Hay cosas que creo que necesito desesperadamente, pero a menudo pido que se haga Su voluntad independientemente de lo que creo necesitar. No recuerdo ni una sola vez que me haya sentido decepcionada por lo que Dios ha provisto. No significa que siempre haya recibido aquello por lo que oré. Significa que la voluntad de Dios nunca me ha decepcionado.

"Así que no se preocupen por lo que pasará mañana. Ya tendrán tiempo para eso. Recuerden que ya tenemos bastante con los problemas de cada día." (Mateo 6:34)

"Escúchenme, ustedes, los que dicen: Hoy o mañana iremos a la ciudad; allí nos quedaremos todo un año, y haremos buenos negocios y ganaremos mucho dinero. ¿Cómo pueden hablar así, cuando ni siquiera saben lo que les va a suceder mañana? Su vida es como la niebla: aparece por un poco de tiempo, y luego desaparece. Más bien, deberían decir: Si Dios quiere, viviremos y haremos esto o aquello." (Santiago 4:13)

La Biblia también dice esto acerca de acumular cosas para uno mismo aquí en la Tierra preocupándose únicamente por las posesiones materiales y las riquezas tangibles en Mateo 6:19-24:

"No traten de amontonar riquezas aquí en la tierra. Esas cosas se echan a perder o son destruidas por la polilla. Además, los ladrones pueden entrar y robarlas. Es mejor que amontonen riquezas en el cielo. Allí nada se echa a perder ni la polilla lo destruye. Tampoco los ladrones pueden entrar y robar. Recuerden que la verdadera riqueza consiste en obedecerme de todo corazón. Los ojos son el reflejo de tu carácter. Así que, tu bondad o tu maldad se refleja en tu mirada. Ningún esclavo puede trabajar al mismo tiempo para dos amos, porque siempre

obedecerá o amará a uno más que al otro. Del mismo
modo, tampoco ustedes pueden servir al mismo tiempo a
Dios y a las riquezas"

Al final de mi viaje a Rusia, una chica rusa se me acercó sonriendo. Ella me entregó un trozo de tela. Tenía manchas, estaba usado y los bordes estaban un poco deshilados. Sin una pizca de vergüenza, pena o culpa, me vio directamente a los ojos, me tomó las manos y dijo algo con una confianza inmensa, agradecimiento y humildad. Fue breve pero muy profundo: "Te doy lo que puedo, pero es Dios quien te dará lo que necesitas."

Cuando veo este pedazo de tela, no veo esas manchas en absoluto; Veo el corazón hermoso, fiel y agradecido de esta muchacha. Ella quería darme algo para mostrar su gratitud así que me dio lo que tenía y sabía con total fe que Dios me daría lo que necesitaba.

Nuestra lista de necesidades es como ese pedazo de tela: lo que podemos imaginar que necesitamos o deseamos no es nada comparado con lo que Dios puede darnos. Podemos darle a Dios nuestra lista de deseos, que para Él puede parecer un pedazo de tela manchada. Con corazones humildes, conversación sincera y honesta, podemos ofrecerlos sin vergüenza, vergüenza o culpa porque serán valorados y atesorados, pero cuando luego dejamos esa tela a un lado y dejamos que Él nos dé lo que quiere darnos, podemos tener mucho más amor, gozo y paz en nuestras vidas. Él ya sabe lo que hay en nuestros corazones. Lo que estamos pidiendo no lo sorprenderá ni lo abrumara. Sin embargo, si vivimos nuestras vidas con la voluntad de Dios, enfocándonos en traer Su reino aquí a la tierra y lo que representa, sin importar dónde estemos ubicados, es posible darle a Dios lo que podamos por medio de nuestras acciones y pedirle que nos dé lo que necesitamos para hacer de ellos extraordinarios.

PRINCIPIO 4:

"perdona nuestras ofensas, así como nosotros también perdonamos a los que nos ofenden . . . "

Este principio ayuda a proteger nuestro corazón del orgullo, de juzgar y la falta de perdón. Confesamos nuestros pecados constantemente y reconocemos que debido a que Dios elige perdonarnos, nosotros también debemos elegir perdonar. Un buen lugar para poder ver el corazón de Dios al respecto es en Mateo 18:21-35, la *Parábola del Siervo Despiadado*. Esta parábola es una respuesta que Jesús le da a Pedro cuando le hizo esta pregunta:

> *"¿Cuántas veces debo de perdonar a mi hermano o hermana que peca contra mí? ¿Hasta siete veces?" Jesús respondió: "Os lo digo, no siete veces, sino setenta, siete veces."*

Jesús luego comparte esta historia:

> *"Por tanto, el reino de los cielos es como el rey que quería ajustar cuentas con sus siervos. Al comenzar a ajustar cuentas, le trajeron a un hombre que le debía diez mil bolsas de oro. Como no podía pagar, el amo ordenó que él, su esposa, sus hijos y todo lo que tenía fueran vendidos para pagar la deuda. Ante esto, el siervo cayó de rodillas ante él. "Ten paciencia conmigo," le suplicó, "y te lo pagaré*

todo." "El amo del siervo se apiadó de él, canceló la deuda
y lo dejó ir."

En esta parábola, la cantidad que se debía era de diez mil talentos, de acuerdo con la traducción Griega. Esta era una deuda muy grande. Sólo uno de esos talentos valía unos veinte años de salario del servio o una deuda total equivalente a varios millones de dólares.[14] Esta era una cantidad que este sirviente no podría pagar. Esto demuestra el poder comprender que todos tenemos deudas que es imposible pagar. También es por eso que la siguiente parte de esta parábola es tan importante. Nuestros corazones se reflejan en nuestras acciones. A este siervo se le perdonó su deuda y se le dejó ir.

Sin embargo, cuando este mismo siervo tuvo la oportunidad de extender la misma gracia que le fue dada, decidió actuar de manera muy diferente:

> *"Pero cuando aquel siervo salió, encontró a uno de sus consiervos que le debía cien monedas de plata. Lo agarró y comenzó a estrangularlo. ‹¿Devolverás lo que me debes?› -le preguntó. Su consiervo cayó de rodillas y le suplicó: "Ten paciencia conmigo y te lo pagaré." Pero él se negó, sino que fue e hizo encarcelar al hombre hasta que pudiera pagar la deuda."*

La cantidad de deuda en esta situación se describió como unos pocos dólares.[15] Esta era una cantidad mucho menor que la que debía el primer siervo. La cual podría ser pagada razonablemente. Sin embargo, justo después de cancelar su propia deuda impagable, este hombre decidió agarrar y estrangular a su consiervo y luego ponerlo en una situación que le impedía pagar la deuda mucho menor. Hizo que lo arrojaran a la prisión. Y sí, realmente por ley, podría hacer eso. Le debían dinero. Pero él decidió no extender la misericordia, compasión y libertad que acababa de recibir él mismo. Dios tiene algo muy severo que decir acerca de esta actitud en los versículos 31-35:

"Cuando los otros siervos vieron lo que había sucedido, se indignaron y fueron y le contaron a su amo todo lo que había sucedido. Entonces el amo llamó al siervo. ‹Siervo malvado›, le dijo, ‹te cancelé toda esa deuda tuya porque me rogaste que lo hiciera, ¿no crees que deberías haber tenido misericordia de tu consiervo tal como yo la tuve de ti? Enojado, su amo lo entregó a los carceleros para que lo torturaran hasta que pagara todo lo que debía. Así hará mi Padre celestial a cada uno de ustedes, si no perdonan de corazón a su hermano o a su hermana."

Dios no cancela nuestras deudas, para que andemos cobrándole a otros sin piedad ni compasión. Cuando tratamos a los demás como Dios nos trata a nosotros, nuestras vidas se vuelven extraordinarias y nuestros esfuerzos se multiplican y tienen una influencia sobrenatural porque estamos trayendo el reino de Dios aquí a la Tierra. Recibimos respuestas al orar y nuestras almas quedan satisfechas. Si deseas empezar una vida extraordinaria, ora para que te vuelvas la persona descrita en Colosenses 3:12-15:

"Dios los ama mucho a ustedes, y los ha elegido para que formen parte de su pueblo. Por eso, vivan como se espera de ustedes: amen a los demás, sean buenos, humildes, amables y pacientes. Sean tolerantes los unos con los otros, y si alguien tiene alguna queja contra otro, perdónense, así como el Señor los ha perdonado a ustedes. Y sobre todo, ámense unos a otros, porque el amor es el mejor lazo de unión. Ustedes fueron llamados a formar un solo cuerpo, el cuerpo de Cristo. Dejen que la paz de Cristo gobierne sus corazones, y sean agradecidos."

PRINCIPIO 5:

"Y no nos dejes caer en la tentación, sino líbranos del mal . . . "

Antes de ir a Rusia, muchas veces olvidaba este paso cuando oraba,no estaba pensando en la guerra espiritual. En Santiago 4:7-8 dice:

"Sométanse a Dios. Resistid al diablo, y huirá de vosotros."

Es a través de nuestra sumisión y cercanía a Dios que Satanás huye. No es por nuestra propia fuerza, coraje o acciones. Satanás no nos tiene miedo. El poder y el gobierno de Dios es lo que detienen a Satanás. Lo resistimos estando cerca de Dios y viviendo según su voluntad. En Mateo 4:1-11, incluso Jesús fue tentado por Satanás. Jesús sabe que Satanás hace mal uso de las palabras de Dios y las tuerce para hacer tropezar a la gente. A menudo hacemos esto cuando nos armamos de las palabras que hemos memorizado para condenar a los demás. Esta es en gran parte la razón por la que creo que la Palabra de Dios es la espada ejercitada por el Espíritu Santo y usada por nosotros generalmente para fortalecer, amar y alentar, pero que Él usa para convencer y transformar. Es en la oración que los usamos, siguiendo la dirección del Espíritu Santo para la gloria de Dios, no para elevarnos a una posición de ser juez.

Jesús es un ejemplo de la importancia de entender la Palabra de Dios. Su conocimiento directo de las Escrituras y su confianza en la verdad revelan engaños. No me siento presionada por Satanás, como lo hizo Eva en el Jardín del Edén. El verdadero poder de resistir al diablo radica en conocer la Palabra de Dios por uno mismo. No confíes en que otros te digan lo que Dios dice, investiga eso por ti mismo. Memoriza las palabras que están escritas y conoce su verdadero contexto para que puedas permanecer cerca de Dios y bajo su protección. Mientras lees, ora por ser iluminado y que Dios te sea revelado a través del Espíritu Santo. He estado como en "Alicia en el país de las maravillas," metafóricamente en muchos hoyos encantadores de conejos, persiguiendo el significado de Su palabra. Él disfruta el revelar Su verdad a aquellos que "preguntan," "buscan" y "tocan a Su puerta."

Aquí está el relato de Jesús (en Mateo 4:1-10) siendo tentado en el desierto. Es un gran ejemplo de cómo el conocer la palabra de Dios por nosotros mismos, nos salva de Satanás:

> *"Luego el Espíritu de Dios llevó a Jesús al desierto, para que el diablo tratara de hacerlo caer en sus trampas. Después de ayunar en el desierto cuarenta días con sus noches, Jesús tuvo hambre. Entonces llegó el diablo para ponerle una trampa, y le dijo:*
>
> *Si en verdad eres el Hijo de Dios, ordena que estas piedras se conviertan en pan. Jesús le contestó: La Biblia dice:*

"No sólo de pan vive la gente; también necesita obedecer todo lo que Dios manda."

Después el diablo llevó a Jesús a la ciudad de Jerusalén. Allí lo subió a la parte más alta del templo, y le dijo: Si en verdad eres el Hijo de Dios, tírate abajo, pues la Biblia dice:

"Dios mandará a sus ángeles para que te cuiden. Ellos te sostendrán, para que no te lastimes los pies contra ninguna piedra." Jesús le contestó: La Biblia también dice: "Nunca trates de hacer caer a tu Dios en una trampa." Por último, el diablo llevó a Jesús a una montaña muy alta. Desde allí podían verse los países más ricos y poderosos del mundo. El diablo le dijo: Todos estos países serán tuyos, si te arrodillas delante de mí y me adoras. Jesús le respondió: Vete de aquí, Satanás, porque la Biblia dice: "Adoren a Dios y obedézcanlo sólo a él."

El diablo nos tienta para alejarnos de Dios. Si puede prevenir nuestra capacidad de amar y reducir nuestra capacidad de sentir amor, alegría, paz y un PKG de FiGS, nuestra relación con los demás y con Dios disminuirá enormemente. Satanás puede hacer esto animándonos a sentirnos omnipotentes a Dios por medio de nuestro orgullo, lo cual conduce al aislamiento y al egoísmo. Es por eso que memorizo las Escrituras para que cuando esté tomando decisiones en mi vida, cuando sea tentada y cuando esté confundida; Se que estoy protegida. Poder recitar el verso apropiado me da tranquilidad. No son cosas solo en mi imaginación; son verdad. Es con esa espada que puedo resistir y cortar las tentaciones que se me presentan. Dios nos pondrá pruebas y nos ayudará a triunfar a través de las pruebas. Aun así, Él no nos tienta a quebrantarnos, humillarnos, aislarnos o dañarnos de alguna otra manera. Él permite las pruebas para que podamos crecer y verlo, y también para que otros puedan crecer y verlo.

Una manera sencilla de decidir si estás siendo tentado por Satanás o en medio de una prueba que brinda una oportunidad para que Dios obre en tu vida es haciéndote las siguientes preguntas, *¿en quién estoy pensando?* ¿Mis acciones y pensamientos me elevarán de alguna manera? ¿Estoy viendo sólo mis propias necesidades, ambiciones o satisfacciones? ¿O estoy viendo a Dios y lo que Él quiere? Suena contradictorio que cuando quieres la mejor vida y lo mejor para ti mismo no busques satisfacer tus propias necesidades.

Este es otro de esos ciclos inesperados de la economía de Dios: ve la voluntad de Dios y serás bendecido de maneras extraordinarias. Satanás es sutil y ha tenido miles de años para saber cómo presionarnos. Si nuestros pensamientos y nuestras acciones son hechas con orgullo, entonces puedes estar seguro de que es una tentación de Satanás. Aunque Dios permite que Satanás lo convenza, no le da completa libertad. Llegará el día de pagar y de reconciliar; una liquidación de cuentas para él también. Satanás será llamado a rendir cuentas. Por ahora, Dios puede usar cualquier poder que le hayamos dado a Satanás en nuestras vidas o cualquier cosa que se encuentre en nuestro camino y convertirlo en bien (Romanos 8:28). Él mismo no arroja barro, pero verdaderamente sin duda puede construir algo hermoso.

CAPITULO 10

PIDE, BUSCA Y TOCA A SU PUERTA

"Hay muchas maneras de avanzar, pero sólo una manera de permanecer quieto."
—FRANKLIN D. ROOSEVELT

"Me impresiona la urgencia de hacer algo. El conocimiento no es suficiente; debemos aplicarlo. La disposición no es suficiente; debemos hacer."
—LEONARDO DA VINVI

Hay muchos ejemplos en la Biblia de cómo orar. Algunas son relativamente simples, mientras que otras oraciones son más complejas. *"El Padre Nuestro"* es sólo una de la que podemos aprender. La Biblia no siempre nos da la respuesta que Dios nos quiere dar por medio de la oración, ni nos brinda información detallada sobre decisiones específicas y únicas que debemos tomar cada día en nuestra vida personal, sí nos dice quién es Dios y el tipo de relación que quiere tener con nosotros. Cuando *pedimos, buscamos y tocamos su puerta*, Dios nos revela nuestro propósito que es único y que proporciona un mapa para nuestras vidas.

A menudo nuestra oración personal en nuestras vidas, no parece en lo absoluto como una conversación. Las conversaciones deben ser entre dos personas, pero a menudo nuestras oraciones pueden parecer sólo entre una persona. Dirigimos nuestros pensamientos, peticiones e ideas a Dios. Luego terminamos nuestras oraciones; y listo. Nuestra conversación ha terminado y no sabemos lo que Dios tiene o quiere decir. No escuchamos una voz, no vemos un rostro y ningún ser físico está sentado frente a nosotros. Recuerda, que Dios tiene el universo a su disposición. Él no se limita a responder a cada uno de nosotros sentándose en un cuerpo humano frente a nosotros y hablando palabras (Deuteronomio 5:24, Salmo 5:1, Daniel 2:28). Aparte de esto, Dios tiene su propio tiempo, uno que es perfecto y no el nuestro (Eclesiastés 3:1, 2 Pedro 3:8), por lo que no siempre habrá una respuesta inmediata. Él está entrelazando las vidas de muchos para llevarnos a un hogar perfecto cuando estemos listos.

Cuando terminamos de orar, a menudo nos marchamos antes de que haya sucedido la mejor parte de la conversación. No estoy hablando de alejarse literalmente. Estoy hablando de cerrar la conversación en tu mente. Dios conoce nuestros corazones, por eso sabe lo que vamos a decir incluso antes de que comencemos a hablar (Salmo 139:4).

Lo que a menudo olvidamos es que después de aceptar lo que Jesús ha hecho por nosotros y reconocer quién es Dios, el Espíritu Santo se deposita en nosotros. Nosotros también tenemos una manera de entender a Dios a través del Espíritu Santo. El problema es que muchas veces limitamos su comunicación a nuestras propias ideas y formas de pensar. No escuchamos ni consideramos Sus ideas, pensamientos o peticiones. Querer lo que Dios quiere darnos es querer más y no conformarse con menos y es lo que se nos ocurra por nuestra cuenta. En este escenario, tampoco consideramos lo que ya se nos ha dado.

Lo más preciado de orar que nos enriquece, sucede en los momentos intermediarios al pedir, buscar y tocar Su puerta. Escuchar con una mente abierta nos ayuda a permitir que Dios sea parte de esta conversación. Te lo aseguro, Él no es un eco vacío de nuestros pensamientos. Puede comunicarse con nosotros por medio de un susurro o con el sonido de un trueno (Job 37:5). Él puede hablar de todos modos, de cualquier manera y con quien quiera. A menudo Él me habla por medio de un impulso, una idea o un pensamiento que me parece fuera de lugar. Él ha llegado a mi a través de sueños, de otras personas y de situaciones. Muchas veces, Él habla con Sus propias palabras a través de las Escrituras que conozco. Cuando esto sucede, encuentro la oportunidad de sentarme mentalmente con Él, aunque casi nunca estoy en un lugar tranquilo cuando esto sucede. A menudo le pregunto si hay algo que Él quisiera que hiciera. Es un proceso de preguntar con paciencia y perseverancia.

Muchas veces, cuando rezo, pregunto cómo puedo ayudar a otra persona. En una ocasión yo había estado orando por una mujer cuyo marido la dejó con dos niños pequeños. Definitivamente estaba lidiando con emociones y preocupaciones muy reales en su vida. Yo estaba asistiendo a un estudio bíblico y nos dividimos en grupos para discutir lo que habíamos aprendido. Ella formó parte de este grupo en el que yo estuve durante una temporada. Recé por ella y sus dos pequeños en mi tiempo de tranquilidad durante un par de semanas, pero no sentí que Dios hubiera respondido con ninguna acción que yo hubiera podido tomar. Una mañana, yo ya iba tarde, sentí una necesidad muy fuerte de agarrar una pulsera de piel que tenía una placa de plata que estaba engrabada con una oración sobre el amor de Dios. En mi mente, me pregunté si solo era un deseo frívolo. En ese momento, era solo una pulsera que iba muy bien con lo que llevaba puesto, pero en lo particular ese día, sentí una sensación muy diferente como con urgencia a comparación de cuando me la pongo en cualquier otro día. Y rece para que fuera algo que Él usaría por medio de mi.

Más tarde esa mañana, cuando vi a esta mujer en el grupo, sentí la necesidad de tomarme unos minutos durante la conferencia para escribir un pensamiento que tenía. Era una especie de poema simple, pero era para ella, haciéndole saber que yo tenía un jardín en el que podía sentarse, una mesa para comer, un lugar para respirar, si ella lo necesitaba. A medida que nos dividimos en nuestros grupos la necesidad creció fuertemente de darle esa pulsera y el poema. La verdad me sentí tonta, pidiéndole a Dios una y otra vez si esto es lo que Él quería y, de ser así, que por favor me diera la oportunidad de dárselo. ¿No lo creerás? Tuve un momento de tranquilidad con ella y pude darle esos obsequios pequeños. Más tarde descubrí que ambas cosas le daban mucho ánimo. El poema lo tiene colgado en su refrigerador, para recordarle que Dios está trabajando en su nombre y que no estará sola.

Este es sólo un ejemplo pequeño de cómo Dios está presente en esos susurros, impulsos y pensamientos que nos llaman a ser mucho mejor de lo que sabemos que podemos dar. El comprender cómo escuchar a Dios es un concepto difícil, pero parece muy fácil.

¿Verdad?

¡Pues no, esto no lo es! He hablado con muchas mujeres que sienten que simplemente están hablando mentalmente cuando oran. Dicen que se sienten como si simplemente se estuvieran escuchando a sí mismas.

Un versículo en particular me impulsó a tener un mejor entendimiento de cómo escuchar a Dios, pero requirió mucha práctica y tiempo. Requiere perseverancia con una mente enfocada en el carácter de Dios. Nuestras mentes también deben estar abiertas a las cosas que Él decide hacer a través de nosotros y en nosotros. Al pensar en el pasado, durante muchos años fui muy impaciente y mis oraciones lo reflejaban. ¡Ahora creo que el proceso de escuchar la voz de Dios y reconocerla tomó más tiempo del que quería porque Dios me estaba enseñando a tener paciencia y perseverancia!

"Pidan a Dios, y él les dará. Hablen con Dios, y encontrarán lo que buscan. Llámenlo, y él los atenderá. Porque el que confía en Dios recibe lo que pide, encuentra lo que busca y, si llama, es atendido." (Mateo 7:7-8)

En el capítulo anterior, en Mateo 6:16-24, (justo después del *"Padre Nuestro"*), Jesús habla del "Ayuno" y de los "Tesoros en el Cielo." Luego, en Mateo 6:25-34, nos dice "No os preocupéis." Al comienzo del siguiente capítulo (Mateo 7), Jesús habla de "no juzgar a los demás" y *después* habla de pedir, buscar y tocar a Su puerta. Cada tema se menciona en este orden por una razón. Cada uno de ellos tiene un pedazo de sabiduría y están brillantemente encajados como un mapa que tiene una ruta exacta para tu jornada de oración.

AYUNAR

"Cuando ustedes ayunen, no pongan cara triste, como hacen los hipócritas. A ellos les gusta que la gente sepa que están ayunando. Les aseguro que ése será el único premio que ellos recibirán. Cuando ustedes ayunen, péinese bien y lávense la cara, para que la gente no se dé cuenta de que están ayunando. Sólo Dios, su Padre, quien conoce todos los secretos, sabrá que están ayunando y les dará su premio." (Mateo 6:16-18)

El ayuno fomenta la concentración. Cuando tenemos hambre, se necesita disciplina y autocontrol para orar. El ayuno es un sacrificio y nos centramos en Dios y no en nosotros mismos. La gente no sabe que estás eligiendo renunciar a algo a menos que se lo digas, y eso requiere sacrificio personal. Seremos recompensados por centrarnos en algo más que nuestras necesidades inmediatas, y Dios ve nuestro sacrificio.

TESOROS EN EL CIELO

"No traten de amontonar riquezas aquí en la tierra. Esas cosas se echan a perder o son destruidas por la polilla. Además, los ladrones pueden entrar y robarlas. Es mejor que amontonen riquezas en el cielo. Allí nada se echa a perder ni la polilla lo destruye. Tampoco los ladrones pueden entrar y robar. Recuerden que la verdadera riqueza consiste en obedecerme de todo corazón. Los ojos son el reflejo de tu carácter. Así que, tu bondad o tu

maldad se refleja en tu mirada. Ningún esclavo puede trabajar al mismo tiempo para dos amos, porque siempre obedecerá o amará a uno más que al otro. Del mismo modo, tampoco ustedes pueden servir al mismo tiempo a Dios y a las riquezas." (Mateo 6:19-24)

Jesús nos pide con urgencia que tengamos prioridades que se alineen con las de Dios. Este versículo se refiere al verdadero tesoro, un tesoro que se puede recibir cuando vivimos una vida de sacrificio y nos comprometemos con Dios. Él sabe lo que hacemos en secreto. Él conoce los deseos más secretos, los que se esconden en lo más profundo de nuestro corazón. Él los conoce todos, buenos y malos, y todavía nos impulsa a que queramos lo que Él tiene que ofrecer; cosas que nadie nos puede robar. Si *solo* nos concentramos, y *todos* nuestros pensamientos se dirigen únicamente a los tesoros terrenales, perderemos la verdadera riqueza. Nos perdemos el poder escuchar las respuestas a nuestras oraciones. Nos perdemos las cosas que Dios quiere darnos.

NO TE PREOCUPES

"No vivan pensando en qué van a comer, qué van a beber o qué ropa se van a poner. La vida no consiste solamente en comer, ni Dios creó el cuerpo sólo para que lo vistan. Miren los pajaritos que vuelan por el aire. Ellos no siembran ni cosechan, ni guardan semillas en graneros. Sin embargo, Dios, el Padre que está en el cielo, les da todo lo que necesitan. ¡Y ustedes son más importantes

que ellos! ¿Creen ustedes que por preocuparse vivirán un día más? Aprendan de las flores que están en el campo. Ellas no trabajan para hacerse sus vestidos. Sin embargo, les aseguro que ni el rey Salomón se vistió tan bien como ellas, aunque tuvo muchas riquezas. Si Dios hace tan hermosas a las flores, que viven tan poco tiempo, ¿acaso no hará más por ustedes? ¡Veo que todavía no han aprendido a confiar en Dios! Ya no se preocupen por lo que van a comer, o lo que van a beber, o por la ropa que se van a poner. Sólo los que no conocen a Dios se preocupan por eso. Ustedes tienen como padre a Dios que está en el cielo, y él sabe lo que ustedes necesitan. Lo más importante es que reconozcan a Dios como único rey, y que hagan lo que él les pide. Dios les dará a su tiempo todo lo que necesiten. Así que no se preocupen por lo que pasará mañana. Ya tendrán tiempo para eso. Recuerden que ya tenemos bastante con los problemas de cada día."
(Mateo 6:25-35)

Incluso después de decirnos qué debería preocuparnos, Jesús sabe que seguiremos preocupándonos. Dios quiere que nuestras vidas reflejen Su influencia en ellas. Nosotros mismos no somos sobrenaturales, por lo que este versículo nos dice cuánto se preocupa Dios por nosotros y cuánto está dispuesto a darnos para satisfacer nuestras necesidades terrenales y aún más. No tenemos que dedicar cada minuto del día para satisfacer esas necesidades ni dedicar cada minuto de nuestras oraciones para transmitir estas necesidades. Claro, si podemos hacerlo, si así nos nace, pero no dará fruto y no introduce efectivamente a Dios en nuestra conversación ni de la forma en que a Él le gustaría mostrarse. Dios quiere decirnos y darnos mucho más de lo que podemos imaginar.

JUZGAR A LOS DEMAR

"No se conviertan en jueces de los demás, y así Dios no los juzgará a ustedes. Si son muy duros para juzgar a otras personas, Dios será igualmente duro con ustedes. Él los tratará como ustedes traten a los demás. ¿Por qué te fijas en lo malo que hacen otros, y no te das cuenta de las muchas cosas malas que haces tú? Es como si te fijaras que en el ojo del otro hay una basurita, y no te dieras cuenta de que en tu ojo hay una rama. ¿Cómo te atreves a decirle a otro: "Déjame sacarte la basurita que tienes en el ojo," si en tu ojo tienes una rama? ¡Hipócrita! Primero saca la rama que tienes en tu ojo, y así podrás ver bien para sacar la basurita que está en el ojo del otro." (Mateo 7:1-5)

Este último versículo antes de que Jesús nos dijera que *"pidamos, busquemos y toquemos a su puerta"* es otro de mis favoritos. Me enseñó a elegir la misericordia. Me enseñó a preguntar: "¿Cuál es mi parte en alguna situación o qué puedo hacer para ayudar?" En lugar de culpar a otros por lo que están o no están haciendo. Se nos pide que no juzguemos a los demás, o nosotros también seremos juzgados de la misma manera.

Ser sincero y honesto son muy buenos atributos, pero todos cometemos errores. Por eso es bueno tener misericordia, compasión y comprensión porque Dios nos extiende su misericordia. Si admitir nuestras propias faltas (las marcas en nuestro propio ojo) requiere una relación con Dios y la ayuda del Espíritu Santo, entonces ¿qué más necesitamos para exhibir ese mismo nivel de compasión cuando ayudamos a otra persona? ¿Cómo podemos juzgar el corazón de otra persona cuando no hemos vivido su vida?

Esto no significa, el no ser íntegro y honesto con lo que ofende; significa demostrar compasión y misericordia. Después de todo, le pedimos a Dios que haga lo mismo con nosotros todo el tiempo. Puede que tengamos una larga lista de ofensas, pero nuestras oraciones serán más fructíferas si se basan en la misericordia y la compasión en lugar de la retribución y la venganza.

Jesús nos da algunas instrucciones, nos da un modelo de la oración y luego nos da algunos límites para nuestra mente y nuestro corazón. Él quiere que nos centremos en Él (lo cual requiere sacrificio personal), también quiere que busquemos los tesoros que son eternos, que no nos preocupemos por nuestras necesidades diarias cada minuto del día y que no juzguemos a los demás. Al tener en mente todos estos versículos anteriores, ahora podemos preguntar y tener la confianza de que Dios responderá.

FINALMENTE: PIDE, BUSCA, TOCA A SU PUERTA

"Pidan a Dios, y él les dará. Hablen con Dios, y encontrarán lo que buscan. Llámenlo, y él los atenderá.

Porque el que confía en Dios recibe lo que pide, encuentra lo que busca y, si toca a su puerta, es atendido." (Mateo 7:7-8)

PIDE

Muchas personas interpretan este versículo muy fuera de contexto y piensan que pueden pedir cualquier cosa y Dios se lo dará. Luego, al sentirse decepcionados, pueden alejarse de orar o sentirse vacíos e insatisfechos. Este versículo no pretende darnos derecho a cualquier cosa que pidamos. Este nos demuestra versículos que nos hacen recordar que a Dios le preocupa que nos preocupemos y enfoquemos en nuestros sacrificios y los tesoros que buscamos. Tenemos la seguridad de que Dios conoce nuestras necesidades más esenciales y no quiere que nos preocupemos del que si Él no se ocupará de ellas. Él quiere darnos mucho más que sólo las necesidades básicas.

En la economía de Dios, se nos da para que nosotros demos al igua. Al hacer esto, cuidamos a las personas. El juzgar a los demás o negarles compasión y misericordia no mostramos el honrar a Dios. Se nos pide que amemos a nuestro enemigo. Sin embargo, amar a nuestro enemigo o no juzgar, no significa que tengamos que ser un tapete que cualquiera pueda pisar. Inmediatamente después de que Jesús nos dice que no juzguemos, nos dice que nos ocupemos de nuestros propios problemas, faltas o comportamiento incorrecto antes de tratar de corregir al prójimo. Luego dice estas en pocas pero importantes palabras en Mateo 7:6:

"No deis a los perros lo que es sagrado; no arrojéis vuestras perlas a los cerdos. Si lo hacéis, las pisotearan y os destrozarán."

Hay una diferencia entre juicio y discernimiento/percepción. El juicio y la falta de perdón pueden permitir que crezcan semillas de amargura, ira y resentimiento. Estas cosas nos separan de Dios. Tener una percepción para saber que determinadas situaciones o relaciones no son saludables es un asunto diferente. Hay ocasiones en las que es apropiado simplemente alejarse (o huir) (Proverbios 4:14-15, Mateo 10:23). Cuando le pedimos cosas a Dios, debemos saber que Él quiere darnos cosas buenas y no cosas que nos hagan daño tanto a nosotros como a otros (Mateo 7:9-12).

Es fácil imaginarse el poder pedir. Naturalmente la mayoría de nuestras oraciones empiezan si y lo que es igual con la mayoría de nuestras conversaciones. Es un proceso al que no necesito dedicar mucho tiempo porque es natural para todos. Quizás es por eso que Dios nos pide que comencemos de esa forma, lo cual es algo que cada persona en este planeta puede hacer. Incluso los bebés comienzan la mayoría de sus conversaciones pidiendo, y nadie les enseña eso. Simplemente Piden. Y es sólo el comienzo. En términos de tu vida, también es sólo el principio. Cuando comencé a orar consistentemente, sólo pedía cosas para mí y para mis seres queridos. Yo sólo pedía. Las Escrituras no se contradicen, pero pueden hacer refinamientos. En Mateo, simplemente dice *"pedid y se os dará,"* pero hay más a continuación en esa declaración; *"Busca y encontrarás."* En la búsqueda de Dios y Su carácter, encontrarás los refinamientos de esto en versículos como:

> *"Confiamos en Dios, pues sabemos que él nos oye, si le pedimos algo que a él le Agrada."* (1 Juan 5:14)

> *"Y cuando piden, lo hacen mal, porque lo único que quieren es satisfacer sus malos deseos."* (Santiago 4:3)

Un versículo muy popular en la cultura Cristiana viene de Jeremías 29:11:

"Mis planes para ustedes solamente yo los sé, y no son para su mal, sino para su bien. Voy a darles un futuro lleno de bienestar."

Puedes ver estas palabras en muchas chucherías y camisetas, pero lo siguiente es igualmente importante y confirma lo que se dice en Mateo. Dios quiere que pidamos y prosperemos, pero Él dice:

"Cuando ustedes me pidan algo en oración, yo los escucharé. Cuando ustedes me busquen, me encontrarán, siempre y cuando me busquen de todo corazón. Estaré con ustedes y pondré fin a su condición de esclavos. Los reuniré de todas las naciones por donde los haya dispersado, y los haré volver a Jerusalén. Les juro que así lo haré." (Jeremias 29:12-14)

Dios tiene un plan e incluye cosas buenas para nosotros. Cuando lo invocamos en oración, se nos promete que Él nos escuchará. Después de invocar y orar, debemos activamente buscarlo. Si buscamos a Dios con todo nuestro corazón, Lo encontraremos y seremos liberados del cautiverio.

El profeta Jeremías estaba transmitiendo las palabras de Dios a un grupo específico que habían sido expulsados. En nuestras propias vidas, todos estamos cautivos por algo. Así que si así lo es, no pares de pedir, no te des por vencido. Una vez que hayas terminado con ese paso, estarás listo para empezar a buscarlo. Cada paso tiene su propósito e intención. Tiene voluntad de investigar, un deseo de descubrir algo y una naturaleza inquisitiva. Si has tomado la decisión de acercarte a Dios, entonces deja que tus oraciones reflejen esos pasos buscándolo y Su voluntad en tu vida. Deja que tus peticiones evolucionen hacia un cambio de acciones que reflejen tu búsqueda constante hacia Él.

BUSCAR

Si nos dicen "que busquemos" y no está a la vista, es posible que necesitemos ayuda. 1 Corintios 2:7 dice:

> ". . . declaramos la sabiduría de Dios, un misterio que ha estado escondido y que Dios destinó para nuestra gloria desde antes de los tiempos."

Solo por que no esté a la vista no quiere decir que no esté ahí; simplemente no podemos verlo.

Muchos padres que celebran Las Pascuas lo entienden intuitivamente. Escondemos premios, ya sean dulces, cascarones, juguetes o canastas llenas de golosinas. El punto no es ocultar el premio a aquellos a quienes amamos; es para permitirles la búsqueda. Queremos cosas buenas para ellos y queremos ver alegría en sus rostros cuando lo encuentren. Igual a Dios, caminamos junto a nuestros hijos. Si es necesario, les damos pistas. Cuando nos ven revelamos lo que habíamos ocultado antes. Es su elección seguir nuestras instrucciones y obtener su recompensa. Claro, podemos correr con ellos y reunir todos los premios para dárselos, pero ¿al hacer esto, les estamos ayudando a crecer y descubrir por ellos mismos?

A medida que crecen, ya no necesitamos revelar las cosas fáciles. Quizás no caminemos tomado sus manos, pero estamos atentos a sus invitaciones y preguntas. Quizás, por su emoción, corren demasiado rápido, o se distraen viendo a los demás en busca de su premio, o no ven los obstáculos por delante porque están preocupados por el tesoro más lejano. Observamos y aunque estamos dispuestos a ayudar, esperamos que se levanten y continúen su búsqueda. Cuando no lo hacen o no pueden, como padres amorosos, los ayudamos a levantarse y los motivamos a continuar su búsqueda, sabiendo que valdrá la pena el esfuerzo. A medida que nuestros hijos crecen, los escondites se vuelven más desafiantes. Con el tiempo, la búsqueda debe hacerse propia.

Pasan más años, y si has visto la diferencia entre tus hijos de primaria y los de secundaria al buscar los cascarones, lo entenderás; A medida que crecen, la vida se vuelve más complicada. Sus intereses se expanden y su entusiasmo disminuye. Empiezan a distraerse con otras cosas a medida que empiezan a ser más conscientes. De manera muy simplificada, es un poco como cuando Adán y Eva comieron del Árbol Prohibido del bien y del mal y descubrieron que se sentían avergonzados por su desnudez. Se escondieron de Dios y trataron de esconder su cuerpo; ya no eran tan libres.

Lo mismo les puede pasar a nuestros hijos y a nosotros mismos. A medida que exploramos el mundo, podemos perder de vista para quién nos creó Dios y qué piensa de nosotros. Si dejamos de buscar nuestra identidad a través de Dios y Su palabra, corremos peligro de que las personas en este mundo o incluso nosotros mismos elijan nuestro tesoro. Te garantizo que el tesoro que tú y yo podemos soñar no se compara de ninguna manera con el tesoro que Dios puede soñar para nosotros.

A medida que maduramos, las cosas cambian. Lo que Dios planeó para nosotros fue bien hecho; una relación plena con Él. Podemos elegir vivir en un Jardín del Edén espiritual buscando a Dios constantemente. Dondequiera que esté Dios, allí estará el Paraíso para nosotros. Sólo necesitamos invitarlo a donde estamos, y Él nos trae Su reino con Su presencia. Por ejemplo, tenemos la opción de pedir cosas materiales aquí en la tierra, lo cual no es malo, pero si nuestro deseo por esas cosas se vuelve más importante que Dios, entonces se convierte en un ídolo. Si ponemos nuestra seguridad y bienestar en algo que no sea Dios entonces lo que estamos pidiendo es contrario a lo que Él quiere para nosotros y comenzamos a adorar a un ídolo falso. Fuimos creados para adorar, pero no para idolatrar las cosas de este mundo.

Al igual que generaciones de padres anteriores a nosotros, queremos que nuestros hijos maduren y encuentren el amor y la felicidad verdaderas. Queremos que avancen y construyan una buena vida para ellos mismos. Ya no les tomamos de la mano en cada paso que dan. Es un ciclo natural de la vida. Queremos cosas buenas para ellos, a menudo a costa nuestra. ¿Que acaso muchos hombres y mujeres honorables no darían todo lo que pueden para dar lo mejor a sus seres queridos?

A medida que envejecemos, empezamos a darnos cuenta de que una vida plena requerirá aspiraciones hacia algo más que simplemente satisfacer nuestras propias necesidades y deseos. Desarrollamos amistades que hacen nuestro mundo más valioso. Muchos tienen hijos, lo cual es una decisión que muchas veces cambia el enfoque de sus vidas. Las relaciones que nos hacen pensar más en los demás por amor y menos en nosotros mismos lo que es muy similar a nuestra relación con Dios. A medida que maduramos, la mayoría busca mejorar sus vidas. Posiblemente, sea una necesidad innata para descubrir que necesitamos de Dios. Necesitamos algo divino que sea más grande que nosotros mismos. Cuando caemos, podemos confiar en que no hay límite con una red de seguridad. Quizás estamos interconectados de esa manera por un Dios que nunca será demasiado grande en nuestras vidas. Por eso nos asegura repetidamente que si lo buscamos, Él se revelará a nosotros. Es bueno buscar y a la vez fracasar/caer porque si estamos enfocados en Dios, entonces sabemos que estamos a salvo. Cuando lo hacemos, descubrimos que Dios es mucho más que una red de seguridad. Incluso el más intelectual de los que lo busca siente que Él es demasiado grande en sus vidas.

Es natural que a medida que maduramos en nuestra relación con nuestro Creador, nuestras preguntas cambien. La vida cambia y también nuestras respuestas, preocupaciones y prioridades. Independientemente de cómo continúen esas búsquedas del tesoro, somos responsables de lo que Dios nos ha revelado y de lo que transmitimos a los demás:

> *"Hermanos en Cristo, no debemos tratar de ser todos maestros, pues bien sabemos que Dios juzgará a los maestros más estrictamente que a los demás."* (Santiago 3:1)

No es que Dios no quiera que enseñemos. Creo que Dios no quiere que compartamos ni aceptemos tesoros falsos. La mejor manera es dedicarle tiempo constante e investigar y buscar a Dios personalmente.

A medida que crecemos espiritualmente y nuestras posiciones cambian, nos volvemos más como los niños mayores en la búsqueda de cascarones, los que están dispuestos a ayudar a los más jóvenes.

Durante muchos años leí mi Biblia y no sentía pasión ni entusiasmo por ella, pero lo hacía porque era lo correcto. La oración cambió mi perspectiva al leerla. Empecé a invitar a Dios, a través del Espíritu Santo, para que me tradujera y me revelara su significado. Quería que Él diera vida a las palabras de cada página. Oraba para que esas palabras se volvieran personales y me revelaran lo que Dios quería que encontrara ese día. Es maravilloso conocer la verdad de Dios, pero es extraordinario y poderoso cuando se vuelve personal y se revela a través de Su participación en nuestras vidas. Cuando lo buscamos y lo invitamos a que entre en nuestras vidas Dios nos habla de manera sobrenatural.

TOCAR A SU PUERTA

Esto requiere intención, repetición y perseverancia. Es una acción. En Juan 14:23, Jesús dice:

> *"El que me ama, obedecerá mis enseñanzas. Mi Padre los amará, y vendremos a ellos y haremos con ellos nuestro hogar."*

En este versículo, Jesús nos invita a un hogar que él y su padre han formado. Está basada en el amor y la obediencia y requiere cambio y crecimiento. Muchas de las casas que buscamos construir con nuestras propias familias aquí en la Tierra se construyen sobre esta misma base. Mientras que el buscar es un intento de encontrar algo, tocar implica que lo hemos encontrado y estamos tratando activamente de llegar a él.

No se trata de ir de un lado a otro de la ciudad, probar diferentes casas y seguir adelante cuando no se satisfacen nuestras necesidades. Es una acción que requiere el compromiso de pararse en un lugar elegido y pedir una invitación a Su reino. Él quiere que vayamos voluntariamente con los ojos bien abiertos. Muchos de nosotros tocamos a la puerta porque queremos algo mejor. Dios ha diseñado muchas cosas para mejorar nuestras vidas. Sus planes fueron trazados antes de que cualquiera de nosotros naciera.

> *"Pero los planes del Señor permanecen firmes para siempre, los propósitos de su corazón por todas las generaciones."* (Salmo 33:11)

> *"Porque todo el que pide recibe; el que busca encuentra; y al que llama, se le abrirá. Esta es una promesa del mismo Dios que expuso los "propósitos de su corazón a través de todas las generaciones."* (Mateo 7:8)

Ya hemos visto escrituras que describen el carácter de Dios. Él no cambia de opinión y no rompe sus promesas. Si tus oraciones parecen vacías y aisladas, párate en Su puerta y sigue tocando lo más fuerte que puedas. Dios te dejará entrar. Tendrás que ser paciente, pero fortalécete en que tus oraciones son importantes y que Dios las escucha.

Anteriormente compartí que viví una vida muy imprudente y desafiante al final de mi adolescencia. Tomé malas decisiones, quedé embarazada y aborté. Esas acciones hicieron un hoyo gigante en mi corazón que traté de llenar yendo a un club. Otra chica a la que había visto allí a menudo también había quedado embarazada, y más tarde descubrí que se había quedado con su bebé. Pasaron los años y a medida que mi fe crecía, el recuerdo de ella me venía a la mente con frecuencia. Le pedí a Dios que la bendijera por tomar la decisión de no abortar. Oré para que Dios la bendijera por elegir algo que no requería renunciar a una vida inocente. Oré por su hija, para que Dios la cubriera con su manto y que Él les hubiera proveído todo lo que necesitaban. Durante casi dieciocho años oré por ellas, sin saber qué había pasado con sus vidas.

En algunas de nuestras oraciones, no llegamos a saber cómo responde Dios, pero en este caso, sin esperarlo la encontré sentada a mi lado en un estudio bíblico casi dos décadas después. Me quedé sin palabras y pasaron un par de semanas antes de que pudiera compartir con ella que había estado orando por ella y su hija por años. Me compartió que su hija era misionera en otro país y aunque pasó por momentos difíciles, sintió la presencia de Dios en su vida. En el momento en que platicamos, era evidente de que ella amaba a Dios y Él la había bendecido al igual que a su hija.

Mis oraciones no fueron la única razón por la que fue bendecida, pero fue sorprendente saber que ayudaron a contribuir a su bienestar. Comparto esto porque esta experiencia, me enseñó a nunca dejar de orar. A menudo me vienen a mi mente personas, acontecimientos y pensamientos. No conozco las circunstancias que rodean sus vidas, pero creo que la oración puede ser un arma poderosa que puede usarse como intercesión por los necesitados. El Espíritu Santo entiende lo que está sucediendo y a través de Él, podemos pelear estas batallas espirituales.

Mis suegros oraban por mí desde que era una niña pequeña. No sabían por quién estaban orando, ya que estaban orando por la futura esposa de su hijo. Me colmaron de oraciones incluso antes de invocar a Dios o reconocerlo por quién era. Estaban orando por mí durante los momentos difíciles de mi vida, como cuando intente suicidarme. Oraron por mí mientras yo luchaba por forjar una vida que valiera la pena, oraron por mí a medida que crecía e incluso hasta la fecha continúan orando por mí. Puede que no hayan estado orando en los momentos exactos en que estaba viviendo cosas específicas, pero me cubrieron mi vida con un manto de oración y dado que Dios es eterno, creo que esas oraciones fueron inmensamente importantes. Lo sé porque para mí, son invaluables. Creo que esas oraciones me ayudaron a encontrar el camino hacia ellos, a estar en su cocina y tomar una decisión que me transformó.

Es como la pregunta, ¿qué fue primero, el huevo o la gallina? ¿La persona o situación por la que sentimos la necesidad de orar proviene de nuestros propios pensamientos o Dios coloca esa persona o situación en nuestros pensamientos? Dios es eterno y siempre está obrando a nuestro favor, incluso antes de que conozcamos quién es Él. Dios nos escucha y si no recibes respuestas a tus oraciones, tenlo por seguro de que sí importan y Dios las escucha. Si, necesitas permanecer ante Su puerta y tocar durante dieciocho años o más, entonces toca tan fuerte como puedas y nunca te rindas. Tus oraciones son valiosas, sin importar para quién sean.

> *"Nadie le da a su hijo una piedra, si él le pide pan. Ni le da una serpiente, si le pide un pescado. Si ustedes, que son malos, saben dar cosas buenas a sus hijos, con mayor razón Dios, su Padre que está en el cielo, dará buenas cosas a quienes se las pidan."* (Mateo 7:9-11)

En otras palabras, si nosotros, siendo hechos a la imagen de Dios, podemos dar buenos regalos y queremos dar cosas buenas a quienes amamos, ¿que mas Dios nos quiere dar y cuantas cosas buenas quiere darnos? Después de todo, Él creó los cielos y la tierra de la nada. ¿Acaso algunos de nosotros hemos creado algo de la nada? Sus dones no son de este mundo literalmente. Nuestros golpes a Su puerta no serán en vano. La pregunta es, ¿queremos lo que Dios quiere darnos y estamos dispuestos a tocar hasta que Él nos lo dé? Si Él no nos da lo que pedimos, ¿elegimos confiar en que Él sabe lo que es mejor para nosotros y aceptar lo que nos ofrece? ¿Elegimos creer que lo que Él promete en la Biblia es real? Saber lo que Dios quiere darnos cambiará nuestras vidas y nuestros corazones.

En tu vida de oración, nunca dejes de buscar a Dios; Quiere que lo encuentres. Recordemos, que en Jeremías 29:13, Dios dice: *"Cuando ustedes me busquen, me encontrarán, siempre y cuando me busquen de todo corazón."* No dice, "cuando me busquen con perfecta sabiduría, perfectas palabras o perfectas oraciones o con una vida perfecta;" dice:

"Me encontrarás cuando me busques de todo corazón."

Una amiga mía muy cercana perdió a su hijo de treinta y dos años. El cual tuvo dos hijos, un niño de cuatro años y una hija de dos años y ellos se habían quedado sin padre. Mi amiga y su marido tuvieron que encontrar una manera de continuar sus vidas sin su preciado hijo. Mi amiga siempre ha tenido el don de amar. Me he topado con muy pocas personas durante mi vida que puedan amar como ella lo hace. Mientras atravesaba por su dolor, compartió que no se sentía cercana a Dios. Ella no podía conectarse en Él. A veces me he sentido así y me imagino que muchas otras personas se sienten así por una razón u otra. Incluso a pesar de sentirse desconectada, mi amiga siguió adelante. Unos días después de la muerte de su hijo, su oración fue una simple súplica para que Dios le hiciera saber que su hijo estaba con Él. De una manera muy personal y poco ortodoxa, Dios hizo eso por ella. Durante un momento extremadamente difícil y desafiante, pudo sentir la paz y el gozo de Dios brevemente, al saber que Él había respondido su oración.

En otro caso, lo que la ayudó fue un devocional, este fue muy significativo porque se lo habían dado dos personas diferentes en dos momentos diferentes de su vida. Diez años antes, después de que mi amiga perdiera a su madre, recibió un devocional de su cuñada. Después de perder a su hijo, mi amiga recibió el mismo devocional por la muerte de su hijo, al leerlo recibió un mensaje íntimo y personal que tocó su corazón y su situación. Sintió la conexión nuevamente con El. Dios comunica Su Palabra por medio de cualquier circunstancia.

Yo también tuve una conversación con Dios sobre mi amiga y Él me dio una imagen de Su plan e intención para su corazón. Como dije anteriormente, Dios le dio a mi amiga el don de amar de una capacidad extraordinaria. Mientras oraba por su situación, le supliqué a Dios que le quitara su dolor. Al orar pude visualizar un corazón biológico, lleno, suave y que latía fuertemente. Mientras continuaba mi conversación con Dios, la imagen en mi cabeza cambió; Pude ver ramas desnudas sin vida envolviendo este hermoso corazón y atrapándolo en una jaula. La conversación continuó, principalmente cuando yo le pedía a Dios que le quitara el dolor. Escuché claramente la respuesta: "no." Muchas veces lucho con Dios y nunca gano, así que no sé por qué lo hago, pero en este caso seguí pidiendo. La siguiente imagen que vi fue el mismo corazón con las mismas ramas sin vida envueltas a su alrededor, excepto que ahora veía un jardín con mucha vegetación brotar debajo de esas ramas, rodeándolas a ella y al corazón. El verdor floreció hasta que ya no pude ver el corazón ni las ramas muertas. Me di cuenta de que Dios no le quitaría el dolor de inmediato pero sabía que su alegría volvería a florecer. Días después, mientras tomábamos un café, me contó las cosas que pasan en su vida y aunque todavía sufre, sí veo brotar esos ramitos de verdor. Hay muchas maneras en que Dios quiere conectarnos y Él nos habla a cada uno de nosotros de manera única y personal. Dios quiere esa conexión, y te prometo que la ÚNICA manera de que no suceda es si no lo intentas.

Él no espera que nosotros hagamos todo el trabajo. Dios también está en nuestra puerta y nos llama. Él está cerca, no lejos, en reinos espiritualmente inalcanzables del misterio y la divinidad. Él ya está aquí en nuestra puerta, esperando ser invitado a entrar:

> *"Yo estoy a tu puerta, y llamo; si oyes mi voz y me abres, entraré en tu casa y cenaré contigo" (Apocalipsis 3:20).*

Me encantaría caminar junto a cada uno de ustedes y escuchar sobre su jornada. Todo el mundo tenemos una historia que necesitamos compartir y tenemos la capacidad de vivir una vida merecedora. Si no te sientes así ahora, entonces pide, busca y toca a Su puerta hasta que eso cambie. Invita a Dios con confianza, sabiendo que Él está parado justo al otro lado de una puerta que tú tienes el poder de abrir. Nuestra jornada nunca termina; simplemente continúa desde un lugar diferente.

Hay tantas cosas que explorar con Dios y espero envejecer con Él a mi lado y en mi corazón. Ora con toda tu fuerza, durante el tiempo que sea necesario, y acepta la jornada. He estado orando por ti y tal vez en nuestra vida eterna tengamos una conversación mientras tomamos una taza de café.

"Mis poderes son ordinarios.
El implementarlos me traen éxito."
—ISAAC NEWTON

"Don't Stop Believin'"
—JOURNEY

EXPRESIONES DE GRATITUD

Muchas personas me han desafiado, enseñado, alentado, inspirado y amado en mi vida. Todos ellos tienen un papel en este libro; Lamento no poder mencionar a todos por su nombre.

Primero quiero agradecer a mi esposo maravilloso, Dave, quien me ama todos los días, en las buenas y en las malas. Él comienza su día mucho más temprano que yo, pero siempre se asegura de que cuando me despierte haya una taza de café a mi lado en mi peinador. Escuchó pacientemente todas mis ideas, copias de práctica y realizó mi primera ronda interminable de ediciones. Este libro no habría existido sin él.

Mis tres estrellas brillantes y mis princesas maravillosas, Chelsie, Elyssa y Torrie, me inspiran a ser la mejor madre posible y doy gracias a Dios por ellas todos los días. Han llenado mi vida de amor y son gran parte de la razón por la que comencé esta jornada en oración. Les agradezco por esas maravillosas conversaciones en el auto mientras teníamos nuestro tiempo de lo que le llamábamos "cinturón de seguridad" que me llevó a tener conversaciones serias con Dios.

Gracias a mi hermana gemela Darlene Alliston, que literalmente ha estado ahí desde el principio. Ella me ha enseñado a celebrar cada victoria por pequeña que les parezca a los demás. A veces, levantarse de la cama por la mañana es la victoria.

Muchos miembros de mi familia me apoyaron al escribir este libro. Mis suegros, John y Jane Dietz, son un ejemplo del tipo de vida cristiana que cambió la trayectoria de mi vida. Oraron por mí durante la mayor parte de mi vida, incluso antes de conocerme. Valoro mucho mi tiempo en "familia" con las familias Dietz, Stupar, Chin, Gutiérrez, Sánchez, Avarca, Alliston, Gizzi, Hesselgrave, Stiger, Frothinger y Hilby, quienes me recuerdan que cada uno de nosotros somos únicos y valiosos.

Un agradecimiento especial a mi Tío George Antonio, quien contestó mi llamada una noche ya muy tarde y me recordó la razón por la qué estaba escribiendo este libro.

A mi amiga Susie Ingold: te amo y te agradezco por ser la líder del grupo de mujeres y por escuchar a Dios de la manera que lo haces. Has sido una motivación maravillosa todos estos años.

Rhonda y John Pieracci, gracias por compartir su amor con mi familia todos estos años. Rezo para que su historia y la de Ryan haga una diferencia en la vida de todos; inspirándose a sanar del dolor que están viviendo. Con la esperanza de que, elijan a Dios cuando busquen una manera de continuar viviendo después de una tragedia. Rhonda, tu amas como nadie lo hace.

Mi amiga, mi sol, Jeanine McKelvey, gracias por intentar rescatar a este perro callejero. Gracias por inspirarme a cómo disfrutar a las personas y retarme a conectarme con el mundo, con tu ejemplo.

Greg Kelner, gracias por viajar desde Santa Bárbara hace tanto tiempo para ver cómo estaba. Dios me salvó ese día con tu presencia. Muchas veces recuerdo que Dios usa a los que menos se imaginan ser usados para mostrar su amor a los más desesperados. No sabias de mi desesperación, pero Dios me habló a través de tu acto de amor. Gracias.

Gracias, Juan, por usar tu talento y habilidad en áreas de diseño y fotografía para hacer que este libro y yo luzcamos bonitos. Steve, gracias por las ediciones y tus contribuciones muy bien pensadas que brindaste, que dio claridad y precisión cuando fue necesario.

Gracias Willa Robinson, por responder un mensaje de texto de una desconocida y aceptar una reunión en el café. Cuando tuvimos nuestra primera conversación, supe inmediatamente que serías un editor increíble. ¿Puedes adoptarme a mí también?

AGRADECIMIENTO ESPECIAL

Para la traducción al español de este libro, me gustaría agradecer a la persona responsable, Laura Bruce. Un hallazgo excepcional, Laura es suegra de mi hija, hermana en este viaje de la vida, y una amiga maravillosamente solidaria. Ella tradujo "Come Fill This Place" con amor, cuidando de traer tanta autenticidad como fuera posible para que mi voz pudiera ser escuchada a pesar de no hablar el idioma. El amor no tiene barreras lingüísticas, y estoy agradecido de que Dios me haya regalado esta maravillosa oportunidad de hablar sobre mi camino y Su gran amor. ¡Gracias, Laura, por tu trabajo de amor y tu regalo de Navidad tan especial!

NOTAS

CAPITULO I

1. Exodo verso 36. (n.d.). En *Pulpit Commentary*. Captada de https://biblehub.com/exodus/12-36.htm.
2. Saducea Judia Secc. (n.d.). En A. Augustyn, P. Bauer, B. Duignan, A. Eldridge, E. Gregersen, J. Leubering, . . . A. Zelazko (Ed.), Enciclopedia Britannica. Captada de https://www.britannica.com/topic/Sadducee
3. Las Escribas-Lideres Judios en el Nuevo Testamento. (n.d.) Captado de https://www.biblia-historia.com/Scribes/THE _SCRIBESTeachers.htm

CAPITULO 2

1. Orgullo. (2018). En *Merriam-Webster.com*. Captada de http://www.merriam-webster.com/dictionary/pride.
2. Humildad. (2018). En *Merriam-Webster.com*. Captada por https://www/merriam-webster.com/dictionary/humble.
3. Rice, J. 92014. Los Cualidades Incomunicables de Dios. Captada de https://intervarsity.org/blog/incommunicable -atributes-god.

4. *¿Cuáles son las cualidades de Dios?* (2018). Captada de https://www.gotquestions.org/attributes-God.html. Recurso recomendado *Knowing God* por J.I. Packer.

5. Dios: Las cualidades de Dios. (2018). Captado de https://www.bueletterbible.org/faq/attributes.cfm.

6. Quest Bible. [Kindle]. Captado de Filipenses 2, Imitando la Humildad de Cristo, párrafo 1.

7. *¿Cuál es el significado de perfección en la Biblia?* (n.d.) Captado de https://www.gotwuestions.org/perfection-in-th -Bible.html. Recurso recomendado: *Balanceando la vida Cristiana* por Charles Ryrie.

8. Bohlinger, T. (2018, Septiembre 26). Salto de Fe de Kierkegaard's. [Blog de Academia Logos]. Captada de https://academic.logos.com/kierkegaards-leap-of-faith/.

9. Moreland, J. P., & Craig, W. L. (2017). *Fundamentos filosóficos para una visión mundial Cristiana* (d2nd ed.) Downers Grove, IL:IVP Academic.

10. Piper, J. (2015). *Una vida hacia Dios: ver la supremacía de Dios en toda la vida*. Colorado Springs, CO: Multnomah Books.

11. Jacobson, R>A. (2013). Moisés, el becerro de oro y las falsas imágenes del dios verdadero [Abstracto]. *Palabra y Mundo.*

12. Stewart, D. (n.d.) *¿Qué causó la caída de Satanás?* Blue Letter Bible [US]. Captado de https://www.bueletterbible .org/faq/don_stewart/don_stewart_75.cfm.

CAPITULO 3

1. Crown Financial Ministries. (2006). Biblical financial study.

CAPITULO 4

1. Conteo de palabras:¿Cuántas veces aparece una palabra en la Biblia? (n.d.). Captado de https://www .chritianbiblereference.org/faq_WordCount.htm.
2. Avaricia. (2018).En Merriam-Webster.com. Captado de https://www.merriam-webster.com/dictionary/selfishness.
3. Spurgeon, C.H. (1873 Agosto 31). El Corazón Encarnado [Sermon #1129]. *Metropolitan Tabernacle Pulpit.* Captado de https://www.spurgeongems.org/vols19-21/chs1129.pdf.
4. Spuergeon, C. H. (1862, Mayo25). El corazon de piedra removido. [Sermon456] *Metropolitan Tabernacle Pulpit.* Catrado de https://www.spurgeon.org/resource/library /sermons/the-stony-heart-removed#flipbook/.
5. Spuergeon, C. H. (1862, Mayo25). El corazon de piedra removido. [Sermon456] *Metropolitan Tabernacle Pulpit.* Catrado de https://www.spurgeon.org/resource/library /sermons/the-stony-heart-removed#flipbook/.
6. Bevere, J. (2011). La Carnada de Satanas. [Kindle]. Devotional Supplement, Dia 9, parafo 2.
7. Fried, L.S. (2003 Octubre). Ciro el Mesias. The BAS Library. Captado de https://www.baslibrary.org/bible-reviw/19/5/3.
8. Rey Ciro de Persia. (2012). Captado de http://www .biblehistory.net/newsletter/cyrus.htm.

9. Stewart, D. (n.d.) ¿Por qué Jesús habló en parábolas? Captado de https://www.blueletter.org/faq/don_stewart /don_stewart_1354.cf.

10. *Encyclopedia Britannica.* Captado from https://www .britannica.com/topic/hide-and-seek-game.

CAPITULO 5

1. Yaro, J.J. (n.d.). ¿Intercesión "de pie en la brecha"? Que significa esto. Captado de https://independent.academia . edu/JerryJYaro.

CAPITULO 6

1. Craig, W.L. (2003). *Preguntas Difíciles, Respuestas Verdaderas,* Wheaton, IL: Crossway Books. p 35.

CAPITULO 7

1. Zuch, r.B., Merrill, E., Constable, T., Heater, Jr., H., & Chisholm, Jr., R. (1991). *Una teología bíblica del Antiguo Testamento.* Chicago, IL: Moody Press.

2. Fowler, L. (2011). Libertad en Cristo. Focus on the Family. Captado de https://www.focusonthefamily.com/parenting /spiritual-growth-for-kids/freedom-in-christ.

3. Lewis, C. S. (1943). *The Screwtape Letters.* New York: Macmillan Co.

4. ¿Ama Dios a Satanás?—Gotquestions.org. (n.d.). Captado de https://www.gotquestions.org/does-God-love-Satan .html.

5. Zuch, r. B., Merril, E., Constable, T., Heater, Jr., H., & Chisholm, Jr. R. (1991). *La Teología Bíblica del Antiguo Testamento.* Chicago, IL: Moody Press. p. 18.

6. History.com editors. (2018, Febrero 2). Ephesus. Captado de https://www.history.com/topics/ancient-greece/Ephesus. Capítulo 4.

7. Zondervan NIV Study Bible. *Introducción del libro de los Efesios.*

8. Armadura Completa de Dios. (n.d.). Captado de http://www.christianarsenal.com/Christian_Arsenal/Full _Armor_of_God.html.

9. Ibid.

10. Fowler, L. (2011). Libertad en Cristo. *Focus on the Family.* Captado de https://www.focusonthefamily.com/parenting /spiritual-growth-for-kids-freedom-in-christ.

11. Armadura Completa de Dios. (n.d.). Captado de http://www.christianarsenal.com/Christian_Arsenal/Full _Armor_of_God.html

12. Ibid.

13. Ibid.

14. Thorn, J. (2017, Mayo 29). No persigas los sentimientos. Perseguir a Cristo. *Ligonier Ministries.* Captato de https://www.ligonier.org/blog/dont-pursue-feelings-pursue -christ/.

15. Armadura Completa de Dios. (n.d.). Captado de http://www.christianarsenal.com/Christian_Arsenal/Full _Armor_of_God.html.

CAPITULO 8

1. One In Three and Three in One | Grace Communion International. (n.d.) Captado de https://www.gci.org /articles/one-in-three-and-three-in-one/.
2. ¿Puedes explicar la Trinidad? Captado de everystuden.com.
3. Ibid.
4. Power. (2018). En *Merriam-Webster.com*. Captado de https://www.merriam-webster.com/dictionary/seal.
5. Seal. (2018). En *Merriam-Webster.com*. Captado de https://www.merriam-webster.com/dictionary/seal.
6. Mullen, B. A. (1996). Dictionaries—Baker's evangelical dictionary of Biblical theology–Seal. Captado de https://www.biblestudytools.com/dictionary/seal/.
7. *Ancient Seals and Signets* (Bible History Online). (n.d.). Captado de https://www.bible-history.com/sketches /andient/seals.html.
8. Ibid.

CAPITULO 9

1. *¿Cuántas veces se menciona la "oración" en la Biblia?* Referencia. Catado de https://www.reference.com/world -view/many-times-prayer-mentioned-bible -3a64e852ee9a3ca7.
2. Yawn, B. (n.d.). Bible Study Tools.com: *¿Cuál es el significado de las Bienaventuranzas?* [Vieo file]. Captado de https://www.godtube.com/watch/?v=WLKLWWNX
3. Ibid.

4. Pure. (2018). En *Merriam-Webster.com*. Captado de Https://www.merriam/webster.com/dictionary/pure.

5. Jones. R. (2011, Abril 27). El Padrenuestro en Hawaiano. 2:10 [Vieo file]. Captado de https://www.youtube.com/watch?v=2UA3Tbq14Mg.

6. Farley, H. (2016, Marzo 23). *¿Cuál es la palabra más común en las Escrituras?* Christian Today. Captado de https://www.christiantoday.om/article/whats-the-most-common-word-in-scripture-five-facts-you-might-not-know-about-the-bible/82535.ht.

7. *Palabras populares en la Biblia.* The King James bible Online. Captado de https://www.kingjamesbibleonline.org/Popular-Bible-Words.php.

8. Ibid.

9. Ortberg, J. (2002). *La vida que siempre has querido.* Grand Rapids, MI: Zondervan. p. 39.

10. *¿Qué significa tener reverencia a Dios?* Captado de https://www.gotquestions.org/reverence-for-God-.html. Recursos recomendados: *Thinking. Loving. Doing. A Call to Glorify God with Heart and Mind* by John Piper &David Mathis.

11. Piper, J. (2016, Abril 29). ¿Qué es la Adoración? [Audio transcript]. Captado de https://www.desiringgod.org/interviews/what-is-whorship.

12. Best-selling book of non-fiction. *Guinness World Records Limited 2019.* Captado de http://www.guinnessworldrecord.com/world-records/best-selling-book-of-non-fiction.

13. Daigle, L. (2015, Abril 15). Lauren Daigle –First (Lyric Video). [Video file]. Captado de https://www.youtube .com/whatch?v=RbWQV3OiRqA

14. Massay, P. (2010, Octubre 27). *La parábola de los dos deudores en términos modernos.* The Biola University Chimes. Captada de https://chimesnewpaper.com/13189 /opinion/parable-two-debtors/.

15. Ibid.

APÉNDICE

REFERENCIAS DE LAS ESCRITURAS

DEDICACIÓN

Génesis 1:27 Fue así como Dios creó al ser humano tal y como es Dios. Lo creó a su semejanza. Creó al hombre y a la mujer.

Isaías 61:1-3 El espíritu de Dios está sobre mí, porque Dios me eligió y me envió para dar buenas noticias a los pobres, para consolar a los afligidos, y para anunciarles a los prisioneros que pronto van a quedar en libertad. Dios también me envió para anunciar: Éste es el tiempo que Dios eligió para darnos salvación, y para vengarse de nuestros enemigos." Dios también me envió para consolar a los tristes, para cambiar su derrota en victoria, y su tristeza en un canto de alabanza. Entonces los llamarán: Robles victoriosos, plantados por Dios para manifestar su poder.

Juan 15:9 Así como el Padre me ama a mí, también yo los amo a ustedes. Nunca dejen de amarme.

Juan 14:26 El Espíritu Santo vendrá y los ayudará, porque el Padre lo enviará para tomar mi lugar. El Espíritu Santo les enseñará todas las cosas, y les recordará todo lo que les he enseñado.

INTRODUCCIÓN

Romanos 8:16 El Espíritu de Dios se une a nuestro espíritu, y nos asegura que somos hijos de Dios.

CAPITULO I

Génesis 1:1 Cuando Dios comenzó a crear el cielo y la tierra.

Job 33:4 El Dios todopoderoso me hizo, y con su espíritu me dio vida.

Proverbios 22:2 Los ricos y los pobres son criaturas de Dios.

Jeremias 23:24 Yo soy el Dios de Israel. Nadie puede esconderse de mí, pues yo estoy en todas partes, lo mismo lejos que cerca.

Isaías 40:28 Tú debes saber que Dios no se cansa como nosotros; debes saber que su inteligencia es más de lo que imaginamos. Y debes saber que su poder ha creado todo lo que existe.

Salmos 89:34 Jamás faltaré a mi pacto; siempre le cumpliré mis promesas.

Deuteronomio 31:6 Sean fuertes y valientes, pues Dios peleará por ustedes; no tengan miedo de esos países, porque Dios no los abandonará.

Jeremías 31:3 Hace mucho, mucho tiempo me aparecí ante ellos y les dije: Pueblo de Israel, siempre te he amado, siempre te he sido fiel. Por eso nunca dejaré de tratarte con bondad. Volveré a reconstruirte, y volverás a danzar alegremente, a ritmo de panderetas.

1 Pedro 5:7 Así que pongan sus preocupaciones en las manos de Dios, pues él tiene cuidado de ustedes.

Salmos 55:22 Echad vuestras preocupaciones sobre el Señor y Él os sustentará; Él nunca permitirá que los justos sean sacudidos.

Isaias 2:20 Cuando Dios decida castigarlos escóndanse entre las rocas, escóndanse en las cuevas, para que puedan escapar de Dios y de su terrible poder. Cuando llegue ese día, la gente tomará sus falsos dioses, esos ídolos de oro y plata que fabricaron con sus propias manos, y los arrojarán a las ratas y a los murciélagos.

Éxodo 3:11 Moisés contestó: ¿Y quién soy yo para ir ante él y decirle: "Voy a sacar de aquí a los israelitas"?

Éxodo 4:10-12 Sin embargo, Moisés le dijo a Dios: ¡Pero es que yo no sé hablar bien! Siempre que hablo, se me traba la lengua, y por eso nadie me hace caso. Este problema lo tengo desde niño. Dios le contestó: Escúchame, Moisés, ¡soy yo quien hace que hables o que no hables! ¡Soy yo quien hace que puedas oír o que no oigas nada! ¡Soy yo quien puede hacerte ver, o dejarte ciego! Anda, ponte en marcha a Egipto, que yo te ayudaré a que hables bien, y te enseñaré lo que debes decir.

Éxodo 3:19-22 Claro, yo sé que el rey no va a dejarlos ir, pero lo obligaré a hacerlo. 20 Usaré mi poder y haré cosas increíbles, con las que destruiré a los egipcios. Sólo entonces los dejará ir. Además, haré que los egipcios les hagan muchos regalos; así ustedes no saldrán de Egipto con las manos vacías. Todas las israelitas irán a ver a sus vecinas egipcias y a las que vivan con ellas, y les pedirán joyas de plata y de oro. También les pedirán ropa, y con ella vestirán a sus hijos y a sus hijas. Las egipcias no les negarán nada. Así los egipcios se quedarán sin nada de valor.

Éxodo 6:1 Entonces el Señor dijo a Moisés: Ahora verás lo que le haré a Faraón: por mi fuerza los dejará ir; por mi mano poderosa los expulsará de su país.

Salmo 139:23 Dios mío, mira en el fondo de mi corazón, y pon a prueba mis pensamientos.

Isaias 55:8-9 Dios dijo Yo no pienso como piensan ustedes ni actúo como ustedes actúan. Mis pensamientos y mis acciones están muy por encima de lo que ustedes piensan y hacen: ¡están más altos que los cielos! Les juro que así es

1 Corintios 2:12 Pero como Dios nos dio su Espíritu, nosotros podemos darnos cuenta de lo que Dios, en su bondad, ha hecho por nosotros.

1 Corintios 12:15-20 Si al pie se le ocurriera decir: Yo no soy del cuerpo, porque no soy mano, todos sabemos que no por eso dejaría de ser parte del cuerpo. Y si la oreja dijera: Como yo no soy ojo, no soy del cuerpo», de todos modos seguiría siendo parte del cuerpo. Si todo el cuerpo fuera ojo, no podríamos oír. Y si todo el cuerpo fuera oído, no podríamos oler. Pero Dios puso cada parte del cuerpo en donde quiso ponerla. Una sola parte del cuerpo no es todo el cuerpo. Y aunque las partes del cuerpo pueden ser muchas, el cuerpo es uno solo.

Marcos 12:20-31 Pues bien, aquí vivían siete hermanos. El mayor se casó, y tiempo después murió sin tener hijos. Entonces el segundo hermano se casó con la mujer que dejó el mayor, pero al poco tiempo también él murió sin tener hijos. Con el tercer hermano pasó lo mismo. Y así pasó con los siete hermanos. Finalmente, murió la mujer. Ahora bien, cuando Dios haga que todos los muertos vuelvan a vivir, ¿de quién será esposa esta mujer, si estuvo casada con los siete? Jesús les contestó: "Ustedes están equivocados. No saben lo que dice la Biblia, ni conocen el poder de Dios. Cuando Dios haga que los muertos vuelvan a vivir, nadie se va a casar, porque todos serán como los ángeles del cielo. Y en cuanto a si los muertos vuelven a vivir, ustedes pueden leer en la Biblia la historia de la zarza. Allí, Dios le dijo a Moisés: "Yo soy el Dios de Abraham, de Isaac y de Jacob, tus antepasados." Por tanto, Dios no es Dios de muertos, sino de vivos, pues para Dios todos ellos están vivos. ¡Qué equivocados están ustedes! Los dos mandamientos más importantes. Uno de los maestros de la Ley escuchó la conversación entre Jesús y los saduceos. Al ver que Jesús les respondió muy bien, se acercó y le preguntó: "¿Cuál es el mandamiento más importante de todos?" Jesús le contestó: "El primero y más importante de los mandamientos es el que dice así: "¡Escucha, pueblo de Israel! Nuestro único Dios es el Dios de Israel. Ama a tu Dios con todo lo que piensas, con todo lo que eres y con todo lo que vales." Y el segundo mandamiento en importancia es: "Cada uno debe amar a su prójimo, como se ama a sí mismo." Ningún otro mandamiento es más importante que estos dos.

Colossians 3:12-14 Dios los ama mucho a ustedes, y los ha elegido para que formen parte de su pueblo. Por eso, vivan como se espera de ustedes: amen a los demás, sean buenos, humildes, amables y pacientes. Sean tolerantes los unos con los otros, y si alguien tiene alguna queja contra otro, perdónense, así como el Señor los ha perdonado a ustedes. Y sobre todo, ámense unos a otros, porque el amor es el mejor lazo de unión.

Lucas 10:25-27 Un maestro de la Ley se acercó para ver si Jesús podía responder a una pregunta difícil, y le dijo: Maestro, ¿qué debo hacer para tener la vida eterna? Jesús le respondió: ¿Sabes lo que dicen los libros de la Ley? El maestro de la Ley respondió: "Ama a tu Dios con todo lo que piensas, con todo lo que vales y con todo lo que eres, y cada uno debe amar a su prójimo como se ama a sí mismo."

Lucas 18:2-6 Un maestro de la Ley se acercó para ver si Jesús podía responder a una pregunta difícil, y le dijo: Maestro, ¿qué debo hacer para tener la vida eterna? Jesús le respondió: ¿Sabes lo que dicen los libros de la Ley? El maestro de la Ley respondió: "Ama a tu Dios con todo lo que piensas, con todo lo que vales y con todo lo que eres, y cada uno debe amar a su prójimo como se ama a sí mismo."

Efesios 6:18 No se olviden de orar. Y siempre que oren a Dios, dejen que los dirija el Espíritu Santo. Manténganse en estado de alerta, y no se den por vencidos. En sus oraciones, pidan siempre por todos los que forman parte del pueblo de Dios.

1 Tesalonicenses 5:17 Oren en todo momento.

CAPITULO 2

Santiago 4:2-3 Son tan envidiosos que quisieran tenerlo todo, y cuando no lo pueden conseguir, son capaces hasta de pelear, matar y promover la guerra. ¡Pero ni así pueden conseguir lo que quieren! Ustedes no tienen, porque no se lo piden a Dios. Y cuando piden, lo hacen mal, porque lo único que quieren es satisfacer sus malos deseos.

Proverbios 22:4 Humíllate y obedece a Dios, y recibirás riquezas, honra y vida.

Éxodo 11:5-3 Dios los libró de tantos sufrimientos que les causaban los orgullosos egipcios. ¡Ahora sé que el Dios de Israel es más poderoso que todos los dioses!

Salmos 115:3 ¡Pero tú estás en el cielo, y haces todo lo que quieres!

Salmos 102:12 Pero tú, mi Dios, eres el rey eterno y vives para siempre.

Salmos 90:2 Desde siempre y hasta siempre, desde antes de que crearas las montañas, la tierra y el mundo, tú has sido nuestro Dios.

Efesios 1:11 Por medio de Cristo, Dios nos eligió desde un principio, para que fuéramos suyos y recibiéramos todo lo que él había prometido. Así lo había decidido Dios, quien siempre lleva a cabo sus planes.

Isaías 55:8-9 Yo no pienso como piensan ustedes ni actúo como ustedes actúan. Mis pensamientos y mis acciones están muy por encima de lo que ustedes piensan y hacen: ¡están más altos que los cielos! Les juro que así es.

Juan 8:23 Ustedes son pecadores, como todos los que viven en este mundo. Pero yo no soy de este mundo, porque vengo del cielo.

Salmos 113:5-6 Dios reina en las alturas, y desde allí contempla los cielos y la tierra. Dios gobierna con poder sobre todas las naciones. ¡No hay nada que se compare con nuestro Dios!

Génesis 1:3-5 Dijo entonces Dios: ¡Quiero que haya luz! ¡Y al instante hubo luz! Al ver Dios la belleza de la luz, la apartó de la oscuridad y le puso por nombre «día." A la oscuridad la llamó «noche." Y cayó la noche, y llegó la mañana. Ése fue el primer día.

Salmos 102:12 Pero tú, mi Dios, eres el rey eterno y vives para siempre.

Salmos 90:2 Desde siempre y hasta siempre, desde antes de que crearas las montañas, la tierra y el mundo, tú has sido nuestro Dios.

1 Juan 4:8 El que no ama no conoce a Dios, porque Dios es amor.

1 Juan 4:16 Sabemos y creemos que Dios nos ama, porque Dios es amor. Cualquiera que ama a sus hermanos está íntimamente unido a Dios.

Éxodo 3:5-6 Dios le dijo: ¡No te acerques más! ¡Quítate las sandalias, porque estás en mi presencia! Yo soy el Dios de tus antepasados; yo soy el Dios de Abraham, de Isaac y de Jacob.

1 Samuel 2:2 Nuestro Dios es único. ¡Nadie se le compara! ¡No hay quien pueda protegernos como nos protege nuestro Dios!

Salmos 99:2-3 La grandeza de nuestro Dios está por encima de Jerusalén y de todos los pueblos. ¡Dios es grande y poderoso! ¡No hay otro Dios!

Isaías 6:3 Con fuerte voz se decían el uno al otro: Santo, santo, santo es el Dios único de Israel, el Dios del universo; ¡toda la tierra está llena de su poder!

Revelaciones 4:8 Cada uno de estos seres vivientes tenía seis alas, y ojos por todos lados, y no dejaban de cantar de día y de noche: ¡Santo, santo, santo es el Señor, Dios todopoderoso, que siempre ha vivido, que vive, y pronto vendrá!

Salmos 147:5 Grande es nuestro Dios, y grande es su poder; ¡su entendimiento no tiene fin!

Hechos 15:18 "Yo soy el Señor su Dios. Yo había prometido esto desde hace mucho tiempo."

Romanos 11:33 ¡Dios es inmensamente rico! ¡Su inteligencia y su conocimiento son tan grandes que no se pueden medir! Nadie es capaz de entender sus decisiones, ni de explicar sus hechos.

1 Juan 3:20 Sabemos que pertenecemos a Dios porque amamos a los demás. Por eso, si nos sentimos culpables de algo, podemos estar seguros de que Dios no nos acusa de nada, porque él está por encima de todo sentimiento, y lo sabe todo.

Hebreos 4:13 Nada de lo que Dios ha creado puede esconderse de él, pues Dios puede verlo todo con claridad, y ante él seremos responsables de todo lo que hemos hecho.

Romanos 12:16 Vivan siempre en armonía. Y no sean orgullosos, sino traten como iguales a la gente humilde. No se crean más inteligentes que los demás.

Salmos 147:5 Grande es nuestro Dios, y grande es su poder; ¡su entendimiento no tiene fin!

Actos 15:18 "Yo soy el Señor su Dios. Yo había prometido esto desde hace mucho tiempo."

Romanos 11:33 ¡Dios es inmensamente rico! ¡Su inteligencia y su conocimiento son tan grandes que no se pueden medir! Nadie es capaz de entender sus decisiones, ni de explicar sus hechos.

1 Juan 3:20 Sabemos que pertenecemos a Dios porque amamos a los demás. Por eso, si nos sentimos culpables de algo, podemos estar seguros de que Dios no nos acusa de nada, porque él está por encima de todo sentimiento, y lo sabe todo.

Hebreos 4:13 Nada de lo que Dios ha creado puede esconderse de él, pues Dios puede verlo todo con claridad, y ante él seremos responsables de todo lo que hemos hecho.

Romanos 2:16 La buena noticia que yo anuncio enseña que Dios juzgará a toda la humanidad por medio de Cristo Jesús. En ese día, Dios juzgará hasta los pensamientos más secretos.

Exodo 34:6 Mientras pasaba delante de Moisés, Dios dijo en voz alta: "¡Soy el Dios de Israel! ¡YO SOY es el nombre con que me di a conocer! Soy un Dios tierno y bondadoso. No me enojo fácilmente, y mi amor por mi pueblo es muy grande."

Deuteronomio 7:9 Por eso ustedes deben reconocer a nuestro Dios, que es el Dios verdadero. Nuestro Dios cumple su pacto con todos los descendientes de quienes lo aman y obedecen sus mandamientos.

Apocalipsis 13:4 Este monstruo engañó a la gente por medio de los milagros que hizo con el poder que el primer monstruo le había dado. Luego los obligó a hacer una estatua del primer monstruo, el cual había sido herido con una espada pero seguía con vida.

Malaquia 3:6 Óiganme, israelitas: Si ustedes no han sido destruidos es porque yo soy el Dios todopoderoso y mi amor no cambia.

Santiago 1:17 Dios nunca cambia. Fue Dios quien creó todas las estrellas del cielo, y es quien nos da todo lo bueno y todo lo perfecto.

Hebreos 13:8 Jesucristo nunca cambia: es el mismo ayer, hoy y siempre.

Gálatas 5:22-23 En cambio, el Espíritu de Dios nos hace amar a los demás, estar siempre alegres y vivir en paz con todos. Nos hace ser pacientes y amables, y tratar bien a los demás, tener confianza en Dios, 23 ser humildes, y saber controlar nuestros malos deseos. No hay ley que esté en contra de todo esto.

Mateo 6:7 Cuando ustedes oren, no usen muchas palabras, como hacen los que no conocen verdaderamente a Dios. Ellos creen que, porque hablan mucho, Dios les va a hacer más caso.

Eclesiastés 11:9 Alégrate ahora que eres joven. Déjate llevar por lo que tus ojos ven y por lo que tu corazón desea, pero no olvides que un día Dios te llamará a cuentas por todo lo que hagas.

Romanos 8:26-27 Del mismo modo, y puesto que nuestra confianza en Dios es débil, el Espíritu Santo nos ayuda. Porque no sabemos cómo debemos orar a Dios, pero el Espíritu mismo ruega por nosotros, y lo hace de modo tan especial que no hay palabras para expresarlo. Y Dios, que conoce todos nuestros pensamientos, sabe lo que el Espíritu Santo quiere decir. Porque el Espíritu ruega a Dios por su pueblo especial, y sus ruegos van de acuerdo con lo que Dios quiere.

Ezequiel 28:17 "Era tan singular tu belleza que te volviste muy orgulloso. ¡Tu orgullo y tu hermosura te hicieron perder la cabeza! Por eso te arrojé al suelo y en presencia de los reyes te hice quedar en ridículo."

Romanos 12:3-8 Dios en su bondad me nombró apóstol, y por eso les pido que no se crean mejores de lo que realmente son. Más bien, véanse ustedes mismos según la capacidad que Dios les ha dado como seguidores de Cristo. El cuerpo humano está compuesto de muchas partes, pero no todas ellas tienen la misma función. Algo parecido pasa con nosotros como iglesia: aunque somos muchos, todos juntos formamos el cuerpo de Cristo.

Revelaciones 1:8 El Señor todopoderoso, el que vive y siempre ha vivido, y que está por llegar, dice: "Yo soy el principio y el fin."

Nehemías 9:6 Tú eres el único Dios verdadero. Tú hiciste el cielo y las estrellas, y lo que está más allá del cielo.

Juan 14:15 Ustedes demostrarán que me aman, si cumplen mis mandamientos.

Isaías 46:9 Recuerden todo lo que ha pasado desde tiempos antiguos. Yo soy Dios, y no hay otro; soy Dios, y no hay nadie igual a mí.

CAPITULO 3

Deuteronomio 15:10 Mejor ayuden siempre al pobre, y háganlo con alegría. Si lo hacen, les irá bien y Dios los bendecirá en todo lo que hagan.

2 Corintios 9:11 Los hará ricos, para que puedan dar mucho. Así, serán más los que den gracias a Dios por el dinero que ustedes van a reunir y que nosotros vamos a llevar.

Malaquías 3:10 Traigan a mi templo sus diezmos, y échenlos en el cofre de las ofrendas; así no les faltará alimento. ¡Pónganme a prueba con esto! Verán que abriré las ventanas del cielo, y les enviaré abundantes lluvias.

Lucas 12:22-24 Después Jesús les dijo a sus discípulos: No se pasen la vida preocupados por lo que van a comer o beber, o por la ropa que van a ponerse. La vida no consiste sólo en comer, ni el cuerpo existe sólo para que lo vistan.Miren a los cuervos: no siembran ni cosechan, ni tienen graneros para guardar las semillas. Sin embargo, Dios les da de comer. ¡Recuerden que ustedes son más importantes que las aves! ¿Creen ustedes que por preocuparse mucho vivirán un día más? 26 Si ni siquiera esto pueden conseguir, ¿por qué se preocupan por lo demás? Aprendan de las flores del campo: no trabajan para hacerse sus vestidos y, sin embargo, les aseguro que ni el rey Salomón, con todas sus riquezas, se vistió tan bien como ellas. Si Dios hace tan hermosas a las flores, que viven tan poco tiempo, ¿no hará mucho más por ustedes? ¡Veo que todavía no han aprendido a confiar en Dios! No se desesperen preguntándose qué van a comer, o qué van a beber. Sólo quienes no conocen a Dios se preocupan por eso. Dios, el Padre de ustedes, sabe que todo eso lo necesitan. Lo más importante es que reconozcan a Dios como único rey. Todo lo demás, él se lo dará a su debido tiempo. La riqueza verdadera ¡No tengan miedo, mi pequeño grupo de discípulos! Dios, el Padre de ustedes, quiere darles su reino. 33 Vendan lo que tienen, y repartan ese dinero entre los pobres. Fabríquense bolsas que nunca se rompan, y guarden en el cielo lo más valioso de su vida. Allí, los ladrones no podrán robar, ni la polilla podrá destruir. 34 Recuerden que la verdadera riqueza consiste en obedecerme de todo corazón.

CAPITULO 4

Proverbios 4:23 Y sobre todas las cosas, cuida tu mente, porque ella es la fuente de la vida.

Filipenses 2:13 Porque es Dios quien los motiva a hacer el bien, y quien los ayuda a practicarlo, y lo hace porque así lo quiere.

Salmos 145:8 Dios mío, tú eres tierno y bondadoso; no te enojas fácilmente, y es muy grande tu amor. Eres bueno con tu creación, y te compadeces de ella.

Santiago 4:2-3 Son tan envidiosos que quisieran tenerlo todo, y cuando no lo pueden conseguir, son capaces hasta de pelear, matar y promover la guerra. ¡Pero ni así pueden conseguir lo que quieren! Ustedes no tienen, porque no se lo piden a Dios. 3 Y cuando piden, lo hacen mal, porque lo único que quieren es satisfacer sus malos deseos.

Salmos 139:23-24 Dios mío, mira en el fondo de mi corazón, y pon a prueba mis pensamientos. Dime si mi conducta no te agrada, y enséñame a vivir como quieres que yo viva.

Ezequiel 36:26 Yo les daré nueva vida. Haré que cambien su manera de pensar. Entonces dejarán de ser tercos y testarudos, pues yo haré que sean leales y obedientes.

2 Timothy 1:14 No permitas que nadie contradiga la buena enseñanza que recibiste. Dios te ha encargado ese trabajo, y el Espíritu Santo te ayudará a hacerlo.

1 Juan 5:14 Confiamos en Dios, pues sabemos que él nos oye, si le pedimos algo que a él le agrada.

Filipenses 4:6-7 No se preocupen por nada. Más bien, oren y pídanle a Dios todo lo que necesiten, y sean agradecidos. Así Dios les dará su paz, esa paz que la gente de este mundo no alcanza a comprender, pero que protege el corazón y el entendimiento de los que ya son de Cristo.

Deuteronomio 29:9 Por eso les pido que cumplan con todas las instrucciones de este pacto, y les irá bien en todo lo que hagan.

Jeremías 29:11 Mis planes para ustedes solamente yo los sé, y no son para su mal, sino para su bien. Voy a darles un futuro lleno de bienestar.

Salmos 27:4 Dios mío, sólo una cosa te pido, sólo una cosa deseo: déjame vivir en tu templo todos los días de mi vida, para contemplar tu hermosura y buscarte en oración.

Romanos 8:28 Puedo cruzar lugares peligrosos y no tener miedo de nada, orque tú eres mi pastor y siempre estás a mi lado; me guías por el buen camino y me llenas de confianza.

Filipenses 4:19 Por eso, de sus riquezas maravillosas mi Dios les dará, por medio de Jesucristo, todo lo que les haga falta.

Juan 14:16 Y yo le pediré a Dios el Padre que les envíe al Espíritu Santo, para que siempre los ayude y siempre esté con ustedes.

Romanos 8:38-39 Yo estoy seguro de que nada podrá separarnos del amor de Dios: ni la vida ni la muerte, ni los ángeles ni los espíritus, ni lo presente ni lo futuro, ni los poderes del cielo ni los del infierno, ni nada de lo creado por Dios. ¡Nada, absolutamente nada, podrá separarnos del amor que Dios nos ha mostrado por medio de nuestro Señor Jesucristo!

Mateo 18:18-20 Les aseguro que cualquier cosa que ustedes prohíban aquí en la tierra, desde el cielo Dios la prohibirá. Y cualquier cosa que ustedes permitan, también Dios la permitirá. Les aseguro que si dos de ustedes se ponen de acuerdo, aquí en la tierra, para pedirle algo a Dios que está en el cielo, él se lo dará. Porque allí donde dos o tres de ustedes se reúnan en mi nombre, allí estaré yo.

Eclesiastés 11:9 Alégrate, joven, en tu juventud, y tome placer tu corazón en los días de tu adolescencia; y anda en los caminos de tu corazón y en la vista de tus ojos; pero sabe, que sobre todas estas cosas te juzgará Dios.

Isaías 45:3 Te daré los tesoros escondidos, y los secretos muy guardados, para que sepas que yo soy Jehová, el Dios de Israel, que te pongo nombre.

Isaias 45:1-7 Así dice Jehová a su ungido, a Ciro, al cual tomé yo por su mano derecha, para sujetar naciones delante de él y desatar lomos de reyes; para abrir delante de él puertas, y las puertas no se cerrarán: Yo iré delante de ti, y enderezaré los lugares torcidos; quebrantaré puertas de bronce, y cerrojos de hierro haré pedazos; y te daré los tesoros escondidos, y los secretos muy guardados, para que sepas que yo soy Jehová, el Dios de Israel, que te pongo nombre. Por amor de mi siervo Jacob, y de Israel mi escogido, te llamé por tu nombre; te puse sobrenombre, aunque no me conociste. Yo soy Jehová, y ninguno más hay; no hay Dios fuera de mí. Yo te ceñiré, aunque tú no me conociste, para que se sepa desde el nacimiento del sol, y hasta donde se pone, que no hay más que yo; yo Jehová, y ninguno más que yo, que formo la luz y creo las tinieblas, que hago la paz y creo la adversidad. Yo Jehová soy el que hago todo esto.

Isaías 45:13 Yo lo desperté en justicia, y enderezaré todos sus caminos; él edificará mi ciudad, y soltará mis cautivos, no por precio ni por dones, dice Jehová de los ejércitos.

Hebreos 6:17 Por lo cual, queriendo Dios mostrar más abundantemente a los herederos de la promesa la inmutabilidad de su consejo, interpuso juramento

Salmos 89:34 No olvidaré mi pacto, Ni mudaré lo que ha salido de mis labios.

Santiago 1:17 Toda buena dádiva y todo don perfecto desciende de lo alto, del Padre de las luces, en el cual no hay mudanza, ni sombra de variación.

Romanos 2:11 Porque no hay acepción de personas para con Dios.

Mateo 13:13 Por eso les hablo por parábolas: porque viendo no ven, y oyendo no oyen, ni entienden.

Mark 4:22 Porque no hay nada oculto que no haya de ser manifestado; ni escondido, que no haya de salir a luz.

Luke 12:2-3 Porque nada hay encubierto, que no haya de descubrirse; ni oculto, que no haya de saberse. 3 Por tanto, todo lo que habéis dicho en tinieblas, a la luz se oirá; y lo que habéis hablado al oído en los aposentos, se proclamará en las azoteas.

CAPITULO 5
Galateos 6:2 Sobrellevad los unos las cargas de los otros, y cumplid así la ley de Cristo.

Lucas 23:34 "Padre, perdónalos, porque no saben lo que hacen"

CAPITULO 6
Isaías 55:9 Como son más altos los cielos que la tierra, así son mis caminos más altos que vuestros caminos, y mis pensamientos más que vuestros pensamientos.

Jeremías 32:17 ¡Oh Señor Jehová! he aquí que tú hiciste el cielo y la tierra con tu gran poder, y con tu brazo extendido, ni hay nada que sea difícil para ti!

Juan 10:27-28 Mis ovejas oyen mi voz, y yo las conozco, y me siguen, 28 y yo les doy vida eterna; y no perecerán jamás, ni nadie las arrebatará de mi mano.

Sofonias 3:17 Jehová está en medio de ti, poderoso, él salvará; se gozará sobre ti con alegría, callará de amor, se regocijará sobre ti con cánticos.

Juan 14:17 El Espíritu de verdad, al cual el mundo no puede recibir, porque no le ve, ni le conoce; pero vosotros le conocéis, porque mora con vosotros, y estará en vosotros.

CAPITULO 7

Romanos 1:20 Porque las cosas invisibles de él, su eterno poder y deidad, se hacen claramente visibles desde la creación del mundo, siendo entendidas por medio de las cosas hechas, de modo que no tienen excusa

Juan 14:6 Jesús le dijo: Yo soy el camino, y la verdad, y la vida; nadie viene al Padre, sino por mí.

1 Corintios 11:14-15 Y no es maravilla, porque el mismo Satanás se disfraza como ángel de luz. 15 Así que, no es extraño si también sus ministros se disfrazan como ministros de justicia; cuyo fin será conforme a sus obras.

1 Pedro 5:8 Sed sobrios, y velad; porque vuestro adversario el diablo, como león rugiente, anda alrededor buscando a quien devorar

Mateo 6:13 Y no nos metas en tentación, mas líbranos del mal; porque tuyo es el reino, y el poder, y la gloria, por todos los siglos. Amén.

Juan 8:44 Vosotros sois de vuestro padre el diablo, y los deseos de vuestro padre queréis hacer. Él ha sido homicida desde el principio, y no ha permanecido en la verdad, porque no hay verdad en él. Cuando habla mentira, de suyo habla; porque es mentiroso, y padre de mentira.

Apocalipsis 12:10 Entonces oí una gran voz en el cielo, que decía: Ahora ha venido la salvación, el poder, y el reino de nuestro Dios, y la autoridad de su Cristo; porque ha sido lanzado fuera el acusador de nuestros hermanos, el que los acusaba delante de nuestro Dios día y noche.

1 Tesalonicenses 3:5 Por lo cual también yo, no pudiendo soportar más, envié para informarme de vuestra fe, no sea que os hubiese tentado el tentador, y que nuestro trabajo resultase en vano.

Isaías 14:12-15 ¡Cómo caíste del cielo, oh Lucero, hijo de la mañana! Cortado fuiste por tierra, tú que debilitabas a las naciones. Tú que decías en tu corazón: Subiré al cielo; en lo alto, junto a las estrellas de Dios, levantaré mi trono, y en el monte del testimonio me sentaré, a los lados del norte; sobre las alturas de las nubes subiré, y seré semejante al Altísimo. Mas tú derribado eres hasta el Seol, a los lados del abismo.

Hechos 13:10 Dijo: ¡Oh, lleno de todo engaño y de toda maldad, hijo del diablo, enemigo de toda justicia! ¿No cesarás de trastornar los caminos rectos del Señor?

Efisios 6:11 Vestíos de toda la armadura de Dios, para que podáis estar firmes contra las asechanzas del diablo.

Lucas 8:12 Y los de junto al camino son los que oyen, y luego viene el diablo y quita de su corazón la palabra, para que no crean y se salven.

Proverbios 4:23 Sobre toda cosa guardada, guarda tu corazón; Porque de él mana la vida.

2 Corintios 5:10 Porque es necesario que todos nosotros comparezcamos ante el tribunal de Cristo, para que cada uno reciba según lo que haya hecho mientras estaba en el cuerpo, sea bueno o sea malo.

Mateo 6:21 Porque donde esté vuestro tesoro, allí estará también vuestro corazón.

Salmos 9:17 Los malos serán trasladados al Seol, Todas las gentes que se olvidan de Dios.

2 Tesalonicenses 1:9 Los cuales sufrirán pena de eterna perdición, excluidos de la presencia del Señor y de la gloria de su poder.

Mateo 25:41 Entonces dirá también a los de la izquierda: Apartaos de mí, malditos, al fuego eterno preparado para el diablo y sus ángeles.

Hechos 22:28 Respondió el tribuno: Yo con una gran suma adquirí esta ciudadanía. Entonces Pablo dijo: Pero yo lo soy de nacimiento.

Efesios 6:10-18 Por lo demás, hermanos míos, fortaleceos en el Señor, y en el poder de su fuerza. Vestíos de toda la armadura de Dios, para que podáis estar firmes contra las asechanzas del diablo. Porque no tenemos lucha contra sangre y carne, sino contra principados, contra potestades, contra los gobernadores de las tinieblas de este siglo, contra huestes espirituales de maldad en las regiones celestes. Por tanto, tomad toda la armadura de Dios, para que podáis resistir en el día malo, y habiendo acabado todo, estar firmes. Estad, pues, firmes, ceñidos vuestros lomos con la verdad, y vestidos con la coraza de justicia, y calzados los pies con el apresto del evangelio de la paz. Sobre todo, tomad el escudo de la fe, con que podáis apagar todos los dardos de fuego del maligno. Y tomad el yelmo de la salvación, y la espada del Espíritu, que es la palabra de Dios; orando en todo tiempo con toda oración y súplica en el Espíritu, y velando en ello con toda perseverancia y súplica por todos los santos

2 Corintios 2:11 Para que Satanás no gane ventaja alguna sobre nosotros; pues no ignoramos sus maquinaciones.

Gálatas 5:22-23 Mas el fruto del Espíritu es amor, gozo, paz, paciencia, benignidad, bondad, fe, mansedumbre, templanza; contra tales cosas no hay ley.

Salmos 107:8-9 Alaben la misericordia de Jehová, y sus maravillas para con los hijos de los hombres. Porque sacia al alma menesterosa. Y llena de bien al alma hambrienta.

Salmos 36:5-6 Jehová, hasta los cielos llega tu misericordia, Y tu fidelidad alcanza hasta las nubes. Tu justicia es como los montes de

Dios, Tus juicios, abismo grande. Oh Jehová, al hombre y al animal conservas.

Mateo 4:1-4 Entonces Jesús fue llevado por el Espíritu al desierto, para ser tentado por el diablo. Y después de haber ayunado cuarenta días y cuarenta noches, tuvo hambre. Y vino a él el tentador, y le dijo: Si eres Hijo de Dios, di que estas piedras se conviertan en pan. Él respondió y dijo: Escrito está: No solo de pan vivirá el hombre, sino de toda palabra que sale de la boca de Dios.

Hebreos 11:1 Es, pues, la fe la certeza de lo que se espera, la convicción de lo que no se ve.

Isaías 55:8-9 Porque mis pensamientos no son vuestros pensamientos, ni vuestros caminos mis caminos, dijo Jehová. Como son más altos los cielos que la tierra, así son mis caminos más altos que vuestros caminos, y mis pensamientos más que vuestros pensamientos.

2 Timoteo 3:16 Toda la Escritura es inspirada por Dios, y útil para enseñar, para redargüir, para corregir, para instruir en justicia.

Lucas 12:48 Mas el que sin conocerla hizo cosas dignas de azotes, será azotado poco; porque a todo aquel a quien se haya dado mucho, mucho se le demandará; y al que mucho se le haya confiado, más se le pedirá.

Santiago 3:13 ¿Quién es sabio y entendido entre vosotros? Muestre por la buena conducta sus obras en sabia mansedumbre.

CAPITULO 8

Romanos 8:26 Y de igual manera el Espíritu nos ayuda en nuestra debilidad; pues qué hemos de pedir como conviene, no lo sabemos, pero el Espíritu mismo intercede por nosotros con gemidos indecibles.

2 Corintios 1:21-22 Y el que nos confirma con vosotros en Cristo, y el que nos ungió, es Dios, el cual también nos ha sellado, y nos ha dado las arras del Espíritu en nuestros corazones.

Judas 1:20 Pero vosotros, amados, edificándoos sobre vuestra santísima fe, orando en el Espíritu Santo

Hechos 2:4 Y fueron todos llenos del Espíritu Santo, y comenzaron a hablar en otras lenguas, según el Espíritu les daba que hablasen.

Lucas 4:1 Jesús, lleno del Espíritu Santo, volvió del Jordán, y fue llevado por el Espíritu al desierto

Génesis 2:18 Y dijo Jehová Dios: No es bueno que el hombre esté solo; le haré ayuda idónea para él.

2 Corintios 3:17 Porque el Señor es el Espíritu; y donde está el Espíritu del Señor, allí hay libertad.

Hebreos 11:1 Es, pues, la fe la certeza de lo que se espera, la convicción de lo que no se ve.

Santiago 1:5 Y si alguno de vosotros tiene falta de sabiduría, pídala a Dios, el cual da a todos abundantemente y sin reproche, y le será dada.

Proverbios 2:6 Porque Jehová da la sabiduría, y de su boca viene el conocimiento y la inteligencia.

Hechos 1:8 Pero recibiréis poder, cuando haya venido sobre vosotros el Espíritu Santo, y me seréis testigos en Jerusalén, en toda Judea, en Samaria, y hasta lo último de la tierra.

2 Timoteo 1:7 Porque no nos ha dado Dios espíritu de cobardía, sino de poder, de amor y de dominio propio.

1 Corintios 12:4 Ahora bien, hay diversidad de dones, pero el Espíritu es el mismo.

1 Corintios 2:11-12 Porque ¿quién de los hombres sabe las cosas del hombre, sino el espíritu del hombre que está en él? Así tampoco nadie conoció las cosas de Dios, sino el Espíritu de Dios. Y nosotros no hemos recibido el espíritu del mundo, sino el Espíritu que proviene de Dios, para que sepamos lo que Dios nos ha concedido

Juan 16:8 Y cuando él venga, convencerá al mundo de pecado, de justicia y de juicio.

Juan 14:26 Mas el Consolador, el Espíritu Santo, a quien el Padre enviará en mi nombre, él os enseñará todas las cosas, y os recordará todo lo que yo os he dicho.

Juan 16:13 Pero cuando venga el Espíritu de verdad, él os guiará a toda la verdad; porque no hablará por su propia cuenta, sino que hablará todo lo que oyere, y os hará saber las cosas que habrán de venir.

Gálatas 5:22-23 Mas el fruto del Espíritu es amor, gozo, paz, paciencia, benignidad, bondad, fe, mansedumbre, templanza; contra tales cosas no hay ley.

Juan 16:7 Pero yo os digo la verdad: Os conviene que yo me vaya; porque si no me fuera, el Consolador no vendría a vosotros; mas si me fuere, os lo enviaré.

Juan 15:26 Pero cuando venga el Consolador, a quien yo os enviaré del Padre, el Espíritu de verdad, el cual procede del Padre, él dará testimonio acerca de mí.

Romanos 8:14 Porque todos los que son guiados por el Espíritu de Dios, estos son hijos de Dios.

1 Corintios 2:13 Lo cual también hablamos, no con palabras enseñadas por sabiduría humana, sino con las que enseña el Espíritu, acomodando lo espiritual a lo espiritual.

Hechos 1:1-2 En el primer tratado, oh Teófilo, hablé acerca de todas las cosas que Jesús comenzó a hacer y a enseñar, hasta el día en que fue recibido arriba, después de haber dado mandamientos por el Espíritu Santo a los apóstoles que había escogido

Génesis 6:3 Y dijo Jehová: No contenderá mi espíritu con el hombre para siempre, porque ciertamente él es carne; mas serán sus días ciento veinte años.

Hechos 8:28-29 Volvía sentado en su carroza, y leyendo al profeta Isaías. Y el Espíritu dijo a Felipe: Acércate y júntate a ese carro.

Romanos 8:26 Y de igual manera el Espíritu nos ayuda en nuestra debilidad; pues qué hemos de pedir como conviene, no lo sabemos, pero el Espíritu mismo intercede por nosotros con gemidos indecibles.

Hechos 13:4 Ellos, entonces, enviados por el Espíritu Santo, descendieron a Seleucia, y de allí navegaron a Chipre.

Apocalipsis 22:17 Y el Espíritu y la Esposa dicen: Ven. Y el que oye, diga: Ven. Y el que tiene sed, venga; y el que quiera, tome del agua de la vida gratuitamente.

1 Corintios 12:11 Pero todas estas cosas las hace uno y el mismo Espíritu, repartiendo a cada uno en particular como él quiere.

Isaias 63:10 Mas ellos fueron rebeldes, e hicieron enojar su santo espíritu; por lo cual se les volvió enemigo, y él mismo peleó contra ellos.

Efesios 4:30 Y no contristéis al Espíritu Santo de Dios, con el cual fuisteis sellados para el día de la redención.

Romanos 9:1 Verdad digo en Cristo, no miento, y mi conciencia me da testimonio en el Espíritu Santo.

Génesis 1:1 En el principio creó Dios los cielos y la tierra.

Isaias 11:2 Y reposará sobre él el Espíritu de Jehová; espíritu de sabiduría y de inteligencia, espíritu de consejo y de poder, espíritu de conocimiento y de temor de Jehová.

Lucas 24:49 He aquí, yo enviaré la promesa de mi Padre sobre vosotros; pero quedaos vosotros en la ciudad de Jerusalén, hasta que seáis investidos de poder desde lo alto.

Hechos 2:38 Pedro les dijo: Arrepentíos, y bautícese cada uno de vosotros en el nombre de Jesucristo para perdón de los pecados; y recibiréis el don del Espíritu Santo.

Juan 14:16-17 Y yo rogaré al Padre, y os dará otro Consolador, para que esté con vosotros para siempre: el Espíritu de verdad, al cual el mundo no puede recibir, porque no le ve, ni le conoce; pero vosotros le conocéis, porque mora con vosotros, y estará en vosotros.

1 Corintios 6:19 ¿O ignoráis que vuestro cuerpo es templo del Espíritu Santo, el cual está en vosotros, el cual tenéis de Dios, y que no sois vuestros?

Jeremías 29:11-14 Porque yo sé los pensamientos que tengo acerca de vosotros, dice Jehová, pensamientos de paz, y no de mal, para daros el fin que esperáis. Entonces me invocaréis, y vendréis y oraréis a mí, y yo os oiré; y me buscaréis y me hallaréis, porque me buscaréis de todo vuestro corazón. Y seré hallado por vosotros, dice Jehová, y haré volver vuestra cautividad, y os reuniré de todas las naciones y de todos los lugares adonde os arrojé, dice Jehová; y os haré volver al lugar de donde os hice llevar.

Romanos 8:14 Porque todos los que son guiados por el Espíritu de Dios, estos son hijos de Dios.

Efesios 1:13-14 En él también vosotros, habiendo oído la palabra de verdad, el evangelio de vuestra salvación, y habiendo creído en él, fuisteis sellados con el Espíritu Santo de la promesa, 14 que es las arras de nuestra herencia hasta la redención de la posesión adquirida, para alabanza de su gloria.

Romanos 8:26-27 Y de igual manera el Espíritu nos ayuda en nuestra debilidad; pues qué hemos de pedir como conviene, no lo sabemos, pero el Espíritu mismo intercede por nosotros con gemidos indecibles. Mas el que escudriña los corazones sabe cuál es la intención del Espíritu, porque conforme a la voluntad de Dios intercede por los santos.

1 Corintios 14:15 ¿Qué, pues? Oraré con el espíritu, pero oraré también con el entendimiento; cantaré con el espíritu, pero cantaré también con el entendimiento.

Judas 1:20-23 Pero vosotros, amados, edificándoos sobre vuestra santísima fe, orando en el Espíritu Santo, conservaos en el amor de

Dios, esperando la misericordia de nuestro Señor Jesucristo para vida eterna. A algunos que dudan, convencedlos. A otros salvad, arrebatándolos del fuego; y de otros tened misericordia con temor, aborreciendo aun la ropa contaminada por su carne.

Juan 16:8 Y cuando él venga, convencerá al mundo de pecado, de justicia y de juicio.

Hebreos 2:1-4 Por tanto, es necesario que con más diligencia atendamos a las cosas que hemos oído, no sea que nos deslicemos. Porque si la palabra dicha por medio de los ángeles fue firme, y toda transgresión y desobediencia recibió justa retribución, ¿cómo escaparemos nosotros, si descuidamos una salvación tan grande? La cual, habiendo sido anunciada primeramente por el Señor, nos fue confirmada por los que oyeron, testificando Dios juntamente con ellos, con señales y prodigios y diversos milagros y repartimientos del Espíritu Santo según su voluntad.

2 Corintios 1:21-22 Y el que nos confirma con vosotros en Cristo, y el que nos ungió, es Dios, el cual también nos ha sellado, y nos ha dado las arras del Espíritu en nuestros corazones.

CAPITULO 9
Santiago 5:16 Confesaos vuestras ofensas unos a otros, y orad unos por otros, para que seáis sanados. La oración eficaz del justo puede mucho.

1 Juan 3:22 Y cualquiera cosa que pidiéremos la recibiremos de él, porque guardamos sus mandamientos, y hacemos las cosas que son agradables delante de él.

Juan 15:7 Si permanecéis en mí, y mis palabras permanecen en vosotros, pedid todo lo que queréis, y os será hecho.

Mateo 5:3-10 Bienaventurados los pobres en espíritu, porque de ellos es el reino de los cielos. Bienaventurados los que lloran, porque ellos recibirán consolación. Bienaventurados los mansos, porque ellos recibirán la tierra por heredad. Bienaventurados los que tienen hambre y sed de justicia, porque ellos serán saciados. Bienaventurados los misericordiosos, porque ellos alcanzarán misericordia. Bienaventurados los de limpio corazón, porque ellos verán a Dios. Bienaventurados los pacificadores, porque ellos serán llamados hijos de Dios. Bienaventurados los que padecen persecución por causa de la justicia, porque de ellos es el reino de los cielos.

Mateo 5:11 Bienaventurados sois cuando por mi causa os vituperen y os persigan, y digan toda clase de mal contra vosotros, mintiendo.

Mateo 5:13 Vosotros sois la sal de la tierra; pero si la sal se desvaneciere, ¿con qué será salada? No sirve más para nada, sino para ser echada fuera y hollada por los hombres.

Mateo 5:14-16 Vosotros sois la luz del mundo; una ciudad asentada sobre un monte no se puede esconder. Ni se enciende una luz y se pone debajo de un almud, sino sobre el candelero, y alumbra a todos los que están en casa. Así alumbre vuestra luz delante de los hombres, para que vean vuestras buenas obras, y glorifiquen a vuestro Padre que está en los cielos.

Mateo 5:17-19 No penséis que he venido para abrogar la ley o los profetas; no he venido para abrogar, sino para cumplir. Porque de cierto os digo que hasta que pasen el cielo y la tierra, ni una jota ni una tilde pasará de la ley, hasta que todo se haya cumplido. De manera que cualquiera que quebrante uno de estos mandamientos muy pequeños, y así enseñe a los hombres, muy pequeño será llamado en el reino de los cielos; mas cualquiera que los haga y los enseñe, este será llamado grande en el reino de los cielos.

Mateo 6:9-13 Vosotros, pues, oraréis así: Padre nuestro que estás en los cielos, santificado sea tu nombre. Venga tu reino. Hágase tu voluntad, como en el cielo, así también en la tierra. El pan nuestro de cada día, dánoslo hoy. Y perdónanos nuestras deudas, como también nosotros perdonamos a nuestros deudores. Y no nos metas en tentación, mas líbranos del mal; porque tuyo es el reino, y el poder, y la gloria, por todos los siglos. Amén.

Lucas 11:2-4 Y les dijo: Cuando oréis, decid: Padre nuestro que estás en los cielos, santificado sea tu nombre. Venga tu reino. Hágase tu voluntad, como en el cielo, así también en la tierra. El pan nuestro de cada día, dánoslo hoy. Y perdónanos nuestros pecados, porque también nosotros perdonamos a todos los que nos deben. Y no nos metas en tentación, mas líbranos del mal.

Marcos 14:36 Y decía: Abba, Padre, todas las cosas son posibles para ti; aparta de mí esta copa; mas no lo que yo quiero, sino lo que tú.

Proverbios 11:24-25 Hay quienes reparten, y les es añadido más; Y hay quienes retienen más de lo que es justo, pero vienen a pobreza. El alma generosa será prosperada; Y el que saciare, él también será saciado.

Lucas 22:42 Diciendo: Padre, si quieres, pasa de mí esta copa; pero no se haga mi voluntad, sino la tuya.

Mateo 26:39 Yendo un poco adelante, se postró sobre su rostro, orando y diciendo: Padre mío, si es posible, pase de mí esta copa; pero no sea como yo quiero, sino como tú.

Salmos 37:4-7 Deléitate asimismo en Jehová, Y él te concederá las peticiones de tu corazón. Encomienda a Jehová tu camino, Y confía en él; y él hará. Exhibirá tu justicia como la luz, Y tu derecho como el mediodía. Guarda silencio ante Jehová, y espera en él. No te alteres con motivo del que prospera en su camino, Por el hombre que hace maldades.

Mateo 6:34 Así que, no os afanéis por el día de mañana, porque el día de mañana traerá su afán. Basta a cada día su propio mal.

Santiago 4:13 ¡Vamos ahora! los que decís: Hoy y mañana iremos a tal ciudad, y estaremos allá un año, y traficaremos, y ganaremos.

Mateo 6:19-24 No os hagáis tesoros en la tierra, donde la polilla y el orín corrompen, y donde ladrones minan y hurtan; sino haceos tesoros en el cielo, donde ni la polilla ni el orín corrompen, y donde ladrones no minan ni hurtan. Porque donde esté vuestro tesoro, allí estará también vuestro corazón. La lámpara del cuerpo. La lámpara del cuerpo es el ojo; así que, si tu ojo es bueno, todo tu cuerpo estará lleno de luz; pero si tu ojo es maligno, todo tu cuerpo estará en tinieblas. Así que, si la luz que en ti hay es tinieblas, ¿cuántas no serán las mismas tinieblas Dios y las riquezas Ninguno puede servir a dos señores; porque o aborrecerá al uno y amará al otro, o estimará al uno y menospreciará al otro. No podéis servir a Dios y a las riquezas.

Mateo 18:21-35 Entonces se le acercó Pedro y le dijo: Señor, ¿cuántas veces perdonaré a mi hermano que peque contra mí? ¿Hasta siete? Jesús le dijo: No te digo hasta siete, sino aun hasta setenta veces siete. Los dos deudores. Por lo cual el reino de los cielos es semejante a un rey que quiso hacer cuentas con sus siervos. Y comenzando a hacer cuentas, le fue presentado uno que le debía diez mil talentos. A este, como no pudo pagar, ordenó su señor venderle, y a su mujer e hijos, y todo lo que tenía, para que se le pagase la deuda. Entonces aquel siervo, postrado, le suplicaba, diciendo: Señor, ten paciencia conmigo, y yo te lo pagaré todo. El señor de aquel siervo, movido a misericordia, le soltó y le perdonó la deuda. Pero saliendo aquel siervo, halló a uno de sus consiervos, que le debía cien denarios; y asiendo de él, le ahogaba, diciendo: Págame lo que me debes. Entonces su consiervo, postrándose a sus pies, le rogaba diciendo: Ten paciencia conmigo, y yo te lo pagaré todo. Mas él no quiso, sino fue y le echó en la cárcel, hasta que pagase la deuda. Viendo sus consiervos lo que pasaba, se entristecieron mucho, y fueron y refirieron a su señor todo lo que había pasado. Entonces, llamándole su señor, le dijo: Siervo malvado, toda aquella deuda te perdoné, porque me rogaste. ¿No debías tú también tener misericordia de tu consiervo, como yo tuve misericordia de ti? Entonces su señor, enojado, le entregó a los verdugos, hasta que pagase todo lo que le debía. Así también mi Padre celestial hará con vosotros si no perdonáis de todo corazón cada uno a su hermano sus ofensas.

Colosenses 3:12-15 Vestíos, pues, como escogidos de Dios, santos y amados, de entrañable misericordia, de benignidad, de humildad, de mansedumbre, de paciencia; soportándoos unos a otros, y perdonándoos unos a otros si alguno tuviere queja contra otro. De la manera que Cristo os perdonó, así también hacedlo vosotros. Y sobre todas estas cosas vestíos de amor, que es el vínculo perfecto. Y la paz de Dios gobierne en vuestros corazones, a la que asimismo fuisteis llamados en un solo cuerpo; y sed agradecidos.

Santiago 4:7-8 Someteos, pues, a Dios; resistid al diablo, y huirá de vosotros. Acercaos a Dios, y él se acercará a vosotros. Pecadores, limpiad las manos; y vosotros los de doble ánimo, purificad vuestros corazones.

Mateo 4:1-11 Entonces Jesús fue llevado por el Espíritu al desierto, para ser tentado por el diablo. Y después de haber ayunado cuarenta días y cuarenta noches, tuvo hambre. Y vino a él el tentador, y le dijo: Si eres Hijo de Dios, di que estas piedras se conviertan en pan. Él respondió y dijo: Escrito está: No solo de pan vivirá el hombre, sino de toda palabra que sale de la boca de Dios. Entonces el diablo le llevó a la santa ciudad, y le puso sobre el pináculo del templo, y le dijo: Si eres Hijo de Dios, échate abajo; porque escrito está: A sus ángeles mandará acerca de ti, y, En sus manos te sostendrán, Para que no tropieces con tu pie en piedra. Jesús le dijo: Escrito está también: No tentarás al Señor tu Dios. Otra vez le llevó el diablo a un monte muy alto, y le mostró todos los reinos del mundo y la gloria de ellos, y le dijo: Todo esto te daré, si postrado me adorares. Entonces Jesús le dijo: Vete, Satanás, porque escrito está: Al Señor tu Dios adorarás, y a él sólo servirás. El diablo entonces le dejó; y he aquí vinieron ángeles y le servían.

Romanos 8:28 Y sabemos que a los que aman a Dios, todas las cosas les ayudan a bien, esto es, a los que conforme a su propósito son llamados.

CAPITULO 10

Deuteronomio 5:26 Y dijisteis: He aquí Jehová nuestro Dios nos ha mostrado su gloria y su grandeza, y hemos oído su voz de en medio del fuego; hoy hemos visto que Jehová habla al hombre, y este aún vive.

Salmos 50:1 El Dios de dioses, Jehová, ha hablado, y convocado la tierra. Desde el nacimiento del sol hasta donde se pone.

Daniel 2:28 Pero hay un Dios en los cielos, el cual revela los misterios, y él ha hecho saber al rey Nabucodonosor lo que ha de acontecer en los postreros días. He aquí tu sueño, y las visiones que has tenido en tu cama

Eclesiastés 3:1 Todo tiene su tiempo, y todo lo que se quiere debajo del cielo tiene su hora.

2 Pedro 3:8 Mas, oh amados, no ignoréis esto: que para con el Señor un día es como mil años, y mil años como un día.

Salmos 139:4 Pues aún no está la palabra en mi lengua, Y he aquí, oh Jehová, tú la sabes toda.

Job 37:5 Truena Dios maravillosamente con su voz; Él hace grandes cosas, que nosotros no entendemos.

Mateo 7:7-8 Pedid, y se os dará; buscad, y hallaréis; llamad, y se os abrirá. Porque todo aquel que pide, recibe; y el que busca, halla; y al que llama, se le abrirá.

Mateo 6:16-34 Cuando ayunéis, no seáis austeros, como los hipócritas; porque ellos demudan sus rostros para mostrar a los hombres que ayunan; de cierto os digo que ya tienen su recompensa. Pero tú, cuando ayunes, unge tu cabeza y lava tu rostro, para no mostrar a los hombres que ayunas, sino a tu Padre que está en secreto; y tu Padre que ve en lo secreto te recompensará en público. Tesoros en el cielo. No os hagáis tesoros en la tierra, donde la polilla y el orín corrompen, y donde ladrones minan y hurtan; sino haceos tesoros en el cielo, donde ni la polilla ni el orín corrompen, y donde ladrones no minan ni hurtan. Porque donde esté vuestro tesoro, allí estará también vuestro corazón. La lámpara del cuerpo. La lámpara del cuerpo es el ojo; así que, si tu ojo es bueno, todo tu cuerpo estará lleno de luz; pero si tu ojo es maligno, todo tu cuerpo estará en tinieblas. Así que, si la luz que en ti hay es tinieblas, ¿cuántas no serán las mismas tinieblas? Dios y las riquezas. Ninguno puede servir a dos señores; porque o aborrecerá al uno y amará al otro, o estimará al uno y menospreciará al otro. No podéis servir a Dios y a las riquezas. El afán y la ansiedad. Por tanto os digo: No os afanéis por vuestra vida, qué habéis de comer o qué habéis de beber; ni por vuestro cuerpo, qué habéis de vestir. ¿No es la vida más que el alimento, y el cuerpo más que el vestido? Mirad las aves del cielo, que no siembran, ni siegan, ni recogen en graneros; y vuestro Padre celestial las alimenta. ¿No valéis vosotros mucho más que ellas? ¿Y quién de vosotros podrá, por mucho que se afane, añadir a su estatura un codo? Y por el vestido, ¿por qué os afanáis? Considerad los lirios del campo, cómo crecen: no trabajan ni hilan; pero os digo, que ni aun Salomón con toda su gloria se vistió así como uno de ellos. Y si la hierba del campo que hoy es, y mañana se echa en el horno, Dios la viste así, ¿no hará mucho más a vosotros, hombres de poca fe? No os afanéis, pues, diciendo: ¿Qué comeremos, o qué beberemos, o qué vestiremos? Porque los gentiles buscan todas estas cosas; pero vuestro Padre celestial sabe que tenéis necesidad de todas estas cosas. Mas buscad primeramente el reino de Dios y su justicia, y todas estas cosas os serán añadidas. Así que, no os afanéis por el día de mañana, porque el día de mañana traerá su afán. Basta a cada día su propio mal.

Mateo 7:1-5 No juzguéis, para que no seáis juzgados. Porque con el juicio con que juzgáis, seréis juzgados, y con la medida con que medís, os será medido. ¿Y por qué miras la paja que está en el ojo de tu hermano, y no echas de ver la viga que está en tu propio ojo? ¿O cómo dirás a tu hermano: Déjame sacar la paja de tu ojo, y he aquí la viga en el ojo tuyo? ¡Hipócrita! saca primero la viga de tu propio ojo, y entonces verás bien para sacar la paja del ojo de tu hermano.

Mateo 7:6 No deis lo santo a los perros, ni echéis vuestras perlas delante de los cerdos, no sea que las pisoteen, y se vuelvan y os despedacen.

Proverbios 4:14-15 No entres por la vereda de los impíos. Ni vayas por el camino de los malos. Déjala, no pases por ella; Apártate de ella, pasa.

Mateo 10:23 Cuando os persigan en esta ciudad, huid a la otra; porque de cierto os digo, que no acabaréis de recorrer todas las ciudades de Israel, antes que venga el Hijo del Hombre.

Mateo 7:9-12 ¿Qué hombre hay de vosotros, que si su hijo le pide pan, le dará una piedra? ¿O si le pide un pescado, le dará una serpiente? Pues si vosotros, siendo malos, sabéis dar buenas dádivas a vuestros hijos, ¿cuánto más vuestro Padre que está en los cielos dará buenas cosas a los que le pidan? Así que, todas las cosas que queráis que los hombres hagan con vosotros, así también haced vosotros con ellos; porque esto es la ley y los profetas.

1 Juan 5:14 Y esta es la confianza que tenemos en él, que si pedimos alguna cosa conforme a su voluntad, él nos oye.

Santiago 4:3 Pedís, y no recibís, porque pedís mal, para gastar en vuestros deleites.

Jeremías 29:11 Porque yo sé los pensamientos que tengo acerca de vosotros, dice Jehová, pensamientos de paz, y no de mal, para daros el fin que esperáis.

Jeremías 29:12-14 Entonces me invocaréis, y vendréis y oraréis a mí, y yo os oiré; 13 y me buscaréis y me hallaréis, porque me buscaréis de todo vuestro corazón. Y seré hallado por vosotros, dice Jehová, y haré volver vuestra cautividad, y os reuniré de todas las naciones y de todos los lugares adonde os arrojé, dice Jehová; y os haré volver al lugar de donde os hice llevar.

1 Corintios 2:7 Mas hablamos sabiduría de Dios en misterio, la sabiduría oculta, la cual Dios predestinó antes de los siglos para nuestra gloria.

James 3:1 Hermanos míos, no os hagáis maestros muchos de vosotros, sabiendo que recibiremos mayor condenación.

Juan 14:23 Respondió Jesús y le dijo: El que me ama, mi palabra guardará; y mi Padre le amará, y vendremos a él, y haremos morada con él.

Salmos 33:11 El consejo de Jehová permanecerá para siempre; Los pensamientos de su corazón por todas las generaciones.

Mateo 7:8 Porque todo aquel que pide, recibe; y el que busca, halla; y al que llama, se le abrirá.

Mateo 7:9-12 ¿Qué hombre hay de vosotros, que si su hijo le pide pan, le dará una piedra? ¿O si le pide un pescado, le dará una serpiente? Pues si vosotros, siendo malos, sabéis dar buenas dádivas a vuestros hijos, ¿cuánto más vuestro Padre que está en los cielos dará buenas cosas a los que le pidan? Así que, todas las cosas que queráis que los hombres hagan con vosotros, así también haced vosotros con ellos; porque esto es la ley y los profetas.

Apocalipsis 3:20 He aquí, yo estoy a la puerta y llamo; si alguno oye mi voz y abre la puerta, entraré a él, y cenaré con él, y él conmigo.

SOBRE EL AUTOR

STACY DIETZ

A Stacy le apasiona ayudar a otros a encontrar lo que puede traer verdadera esperanza, alegría y paz a sus vidas. Aunque no siempre vivió una vida basada en la fe, la fe cristiana es en lo que ella ha creído y ha sido su raíz, durante más de veinticinco años. Se esfuerza por ayudar a otros a encontrar formas de integrar la fe en la vida cotidiana. Dios hizo a todos únicos, y todos debemos ser valorados y tener una relación espiritual que siga creciendo, con Él, sin importar en qué etapa de nuestras vidas nos encontremos. El trabajo de Stacy con su centro local de crisis de embarazo la llevó al ministerio post-aborto. Enseñar estudios bíblicos post-aborto y ser voluntaria en Ramah International ha impactado enormemente su vida. Dentro de su iglesia local, se ha desempeñado como líder de grupos pequeños, líder de jóvenes y en el ministerio de mujeres como entrenadora, y líder de equipo de oración. Stacy actualmente está trabajando para continuar su educación en el campo de la psicología, consejera pastoral y la teología.

www.ingramcontent.com/pod-product-compliance
Lightning Source LLC
Chambersburg PA
CBHW071320120626
46546CB00002B/388